职场新人

从入职到入行

李永志◎著

北京大学出版社
PEKING UNIVERSITY PRESS

内 容 简 介

职场新人为什么是弱者？在职场中容易踩到哪些坑？哪些坑是可以规避的？为什么同事陆续升职加薪，而你却还停留在原地？本书从规划力、沟通力、扛事力、靠谱力、学习力、演讲力六个方面，详细介绍职场新人必备成长经验，旨在帮助职场小白从不适应走向适应、优秀乃至独当一面，让他们的职业生涯更有价值。

本书适合即将毕业的应届生、初入职场的新人，以及渴望获得晋升的职场人士阅读。

图书在版编目(CIP)数据

职场新人从入职到入行 / 李永志著. — 北京：北京大学出版社，2024.1
ISBN 978-7-301-34691-4

Ⅰ.①职… Ⅱ.①李… Ⅲ.①职业选择 Ⅳ.①C913.2

中国国家版本馆CIP数据核字(2023)第231702号

书　　　名	职场新人从入职到入行	
	ZHICHANG XINREN CONG RUZHI DAO RUHANG	
著作责任者	李永志　著	
责 任 编 辑	王继伟　杨　爽	
标 准 书 号	ISBN 978-7-301-34691-4	
出 版 发 行	北京大学出版社	
地　　　址	北京市海淀区成府路205 号　100871	
网　　　址	http://www.pup.cn　　新浪微博:@ 北京大学出版社	
电 子 信 箱	编辑部 pup7@pup.cn　总编室 zpup@pup.cn	
电　　　话	邮购部 010-62752015　发行部 010-62750672　编辑部 010-62570390	
印 刷 者	北京圣夫亚美印刷有限公司	
经 销 者	新华书店	
	720毫米×1092毫米　16开本　13.5印张　202千字	
	2024年1月第1版　2024年1月第1次印刷	
印　　　数	1-4000 册	
定　　　价	59.00 元	

2000 年，我从南方一所大学毕业，回到了江苏最北的一座城市——连云港。那时的我对未来的职业生涯充满了信心，觉得呼吸的空气是新鲜的，看到同事充满了喜悦，步入职场这件事给我带来了迷茫，但更多的是兴奋。

随后的 20 余年，我从县公司到市公司，从市公司调到省公司，从外企转战央企和国企再到创业，从技术到业务，从员工到管理者，经历了多岗位、多角色和多领域的工作切换。有成绩斐然的过去，也有被人排挤打压的日子，更有被伯乐呵护成长的过程。职场的希望、失望、绝望不断沉淀，让我不断更新自己的认知体系。

经过总结和整理后的经历一定是人生宝藏，职场的每个阶段都有其特色，熬过去了，这是你的经历；没有熬过去，这是你的"命数"。

编辑约稿，要我写一本关于职场新人的工作手记，我思考再三决定下笔，曾想以"职常"定书名，窃以为是职场之常识之意。

2020 年 9 月，我给某省邮政系统新入职的 300 名员工上课，围绕以下内容进行了分享。

职场新人会遇到哪些坑？

应以什么样的心态迎接激动人心的职场生涯？

如何与身边的同事、领导沟通？

如何在职场上实现与企业发展同频共振？

如何让自己变成靠谱的职场人？

如何通过演讲实现个人晋升？

如何做职业规划？

在课堂上，我尝试把自己的经历和感悟，萃取为行动指南分享给即将入职的新人。

课程结束后，学员陆续进入岗位，加了我微信的学员将自己在岗位上遇到的问题进行咨询。

后来这样的大型课程又举办了20余期。通过不断与学员沟通，我整理出这本书。这本书结合一些学员提出的职场问题，凝聚了本人这些年在职场的行动方法，围绕人效、时效两个问题展开。

人效是指人的价值。时效则是单位时间内人创造的价值。

在职场上，拼的是你的实力，包括心态、人际关系、沟通能力、认知等，这些都会影响你的职场发展，甚至会影响你的精神状态、家庭等。公司不是慈善机构，员工如果没有价值或在单位时间内创造的价值偏低，被淘汰的概率将大大增加。

归根结底，这本书尝试帮助读者解决人效和时效的问题，从心态上解放自己，提升沟通效率，建立自己的学习体系，提升工作能力；为自己打造一个靠谱的人设，最终提升人效、时效。

这本书的核心知识点可以概括如下。

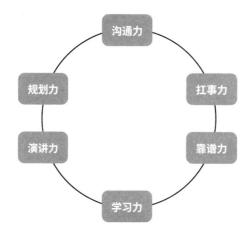

第一力：规划力

很多制订计划的"高手"是计划实施的怠倦者——如何向马克·扎克伯格学习，有效规划自己的职场生涯？

我做了很多工作，但得不到领导的肯定，功劳还被他人拿走了——如何处理功劳被抢走的问题？

我现在一眼就能看到自己未来的人生轨迹，该怎么办——如何搭建职场天花板的突围模型？

为什么有人跳槽越来越好，有人却越来越差——如何让跳槽成为你的职场助推器？

离开平台，你可能什么都不算——如何做一个离开平台依旧吃香的个体？

……

缺乏规划的人生很难走得顺畅，我们踏出的每一步可以不是大踏步，但是一定不能踏错。"不出错"即为规划力的核心。

第二力：沟通力

如何更有效地进行职场沟通，打通沟通的任督二脉？

向领导请示工作经常出问题 ——如何正确有效请示工作？

如何汇报，这学问太大了——不懂工作汇报，就没有办法混职场。

"你对公司感觉如何""挺好的"——有效提问，让你的每个问题都有价值。

身边的人值不值得信任？是不是什么话都可以说——控话技巧，做个有进有退的职场人。

如何少说"正确的废话"，多说正确的话？

……

第三力：扛事力

在遇到委屈和问题时，如何变成一个扛得住事的优秀员工？

你的领导或同事误会了你，对你发火，你选择据理力争，还是忍气吞声——试试这几招，让你的内心不再委屈。

老板说了我两句，我为什么会觉得很难过——把"玻璃心"练成"小钢片"。

新人总是被打击、被否认，应该怎么办——WQC 分析法定原因，3 招解决问题。

……

第四力：靠谱力

上级评价你不够成熟——如何蜕变为成熟的职场人？

领导评价你不靠谱，你失去了难得的晋升机会——如何跃迁为一位件件有着落、事事有回音的员工？

不到最后一刻，绝不动手工作——如何解决拖延症这个顽固问题？

……

第五力：学习力

不学习的人无法适应职场——如何提升职场学习效率，让学习成为职场助力器？

文字功底不错，总结能力优秀的人易被提拔——职场写作是职场晋升的利器。

累死你的永远不是工作，而是工作方法——如何提升工作效率？

……

第六力：演讲力

你有没有发现，能晋升为高层领导的管理人员，演讲能力大抵都不差。对于普通员工来说，职场跃迁离不开演讲，如何打造你的演讲力？

弄清楚优秀演讲的特征，你将更容易提升演讲能力。

如何做好演讲的准备？本书提供了五步法工具。

如何做好演讲内容的设计？

如何做好演讲的控场？

商务演讲实战技巧有哪些？

……

以上是对本书精华内容的概括。希望这不仅是一本职场常识的汇总，更是一本认知行动指南，能帮助在职场、生活中遇到困惑的你们。

李永志

前 言

01 规划力——唯有合理规划，才能未来可期......................**第一力**
001

1.1 职场新人避坑指南 003

1.2 制订计划的"高手"是实施怠倦者
    如何有效规划自己的职业生涯 011

1.3 我做了很多事，但得不到领导的肯定，功劳还被他人拿走了
    如何处理功劳被抢走的问题 019

1.4 一眼能看到自己未来的人生轨迹，该怎么办
    如何搭建职场天花板的突围模型 023

1.5 要不要辞职变身自由职业者
    建议弄清楚 4 个问题再做决定 028

1.6 为什么有人跳槽越来越好，有人却越来越差
    如何让跳槽成为你的职场助推器 032

1.7 离开平台，你可能什么都不算
    如何做一名离开平台依旧吃香的个体 037

02 沟通力——如何更有效地进行职场沟通？......................**第二力**
043

2.1 向领导请示工作经常出问题怎么办
    如何正确有效请示工作 044

2.2 如何汇报，这学问太大了
    不懂工作汇报，就没有办法混职场 050

2.3 "你对公司的感觉如何？""挺好的。"
    有效提问，让你的每个问题都有价值和效果 056

2.4 想要提建议，却不懂如何去提
    给领导提建议，一定要懂得"职言职语" 063

2.5 身边的人值不值得信任？是不是什么话都可以说
    职场新人的控话技巧，做个有进有退的职场人 068

2.6 你同事找到你帮忙，你不想帮忙，又不知应该如何拒绝
软硬有度，拒绝别人你要知道这些方法 072

2.7 有人讲话听起来通篇正确，可总让人感觉不对劲
职场上，要少说"正确的废话" 076

2.8 如何对"或许、应该、可能、差不多"说再见
拒绝做"差不多先生" 079

03 扛事力——在遇到委屈和问题时，如何变成 一个扛得住事的优秀员工？

.... 083

3.1 如果领导或同事对你发火，你是选择据理力争，还是忍气吞声
试一试这几招，让你内心不再委屈 084

3.2 老板说了我两句，我为什么会觉得自己很委屈
把"玻璃心"练成"小钢片" 089

3.3 新人总是被打击、被否定，应该怎么办
WQC 分析法定原因，三招解决问题 094

3.4 遭遇职场焦虑，人人都是焦虑人
职场这么累，我们该如何与焦虑握手言和 099

3.5 被别人批评时，我不自觉想对抗，这种做法可取吗
如何改变你身上的职场"红灯思维" 104

3.6 领导没有提拔我是因为对我有意见
如何从职场"受害者"变成"受益者" 107

3.7 经常有同事无缘无故地讥讽我，我需要忍受吗
如何有效处理职场冷暴力 111

3.8 干啥啥不会，做啥啥不行
职场"小白兔"三招完成自我进化 115

3.9 只要努力、勤奋就能获得晋升吗
如何摆脱无效勤奋 120

第四力

04

靠谱力——靠谱的人会掌握核心资源，
如何打造你的职场靠谱人设？ 123

4.1 不够成熟，公司的核心资源就与你无关
　　如何华丽转身蜕变为职场成熟人 125

4.2 领导评价员工不靠谱，员工失去了难得的晋升机会
　　如何成为事事有回音的靠谱员工 130

4.3 不到最后一刻，绝不动手工作
　　别让拖延症毁掉你 133

4.4 大多数成年人，心理水平仍旧是"大号婴儿"
　　如何避免成为职场巨婴 137

4.5 加了很多好友，能"落地"的人脉却微乎其微
　　如何搭建有效职场圈 142

4.6 抓好几个关键时间段，让自己更受欢迎
　　新人高效成长秘诀就藏在四个时间段里 145

第五力

05

学习力——你具备在职场中持续成长的
条件吗？ 149

5.1 不学习的人无法适应职场
　　如何提升职场学习效率，让学习成为职场助力器 150

5.2 文字能力优秀的人易被提拔
　　写作能力是职场晋升的利器 156

5.3 表达时思维混乱不清，到底发生了什么
　　结构化思维一定能帮助你 161

5.4 累死你的永远不是工作，而是工作方法
　　如何提升工作效率 166

5.5 被工作占领的微信朋友圈，该如何经营
　　怎样经营一个有价值的朋友圈 170

5.6 遇到水平比自己低的领导，很想离职
　　几招教你成为职场"狠人" 173

第六力

06

演讲力——职场跃迁离不开演讲，如何提升你的
演讲能力？ 177

6.1 了解优秀演讲的特征，更容易提升演讲能力
三招提升演讲技能 178

6.2 演讲需要准备吗？当然！
这些是演讲制胜的基础 182

6.3 优秀的演讲内容一定有结构加持
如何设计你的演讲内容 186

6.4 演讲中现场失控，如何继续进行下去
如何练就高超的演讲控场技巧 191

6.5 如何有效开展竞聘演讲、项目路演、即兴发言 196

6.6 演讲辅助工具不止 PPT
演讲最新辅助工具介绍 201

01
Chapter

第一力

规划力
——唯有合理规划，才能未来可期

职场生涯，一般可分为三个阶段。

第一阶段：从不适应到适应的新手期。

进入职场后的1～3年为新手期（每个人的新手期时长有所差异），在该阶段新人从初入职场的不适应到逐步适应，从怀有无数憧憬到开始理解现实与理想的差距，从高预期到逐渐放低自己的预期，也从未考虑未来到开始规划未来。

对于新手期的新人，结果就两条：不适应即淘汰，适应即继续走下去。

我们会用较大篇幅讲述在新手期要做什么事，才能在职场站稳脚跟。

第二阶段：从新手期到成长期。

进入职场后的3～5年，职场新人熬过了新人期进入成长期，成长是此阶段的重点目标。你开始领会职场更加残酷的一面，也看到了职场的人走茶凉，不管是离职还是退休，都没有任何情面可言；你还明白了同事很难成为真正的朋友，有的话不能说，即便是真话；职场实际就是个利益场，没有什么感情可讲。

在这个阶段，你能游刃有余地处理自己的工作，开始建立工作方面的认知体系，在行业内取得了成长，独立思考能力凸显，努力的你很有可能脱颖而出，提前进入下一阶段——成熟期。

第三阶段：从成长期到独当一面的成熟期。

进入职场5年以后，达到成熟期的标准。例如，能够独当一面，敢闯敢拼，有想法，能实干，有的晋升到管理岗位，有的成为专家，有的成为领导信赖的核心员工，逐步实现人生价值。

成熟期是大部分职场人的目标。

这三个阶段，最难的是第一个阶段。很多人进入公司的起步一样，但是3年后各自有了发展，有人出众，有人平庸。

在新手期，职场新人的第一个任务就是要做好规划，而不是浑浑噩噩，走一步看一步。缺乏规划的人生很难走得顺畅，踏出的每一步可以不是大踏步，但一定不能踏错。"不出错"即为职场规划力的核心。

职场规划力，顾名思义，就是恰当规划个人成长路径，在职场上稳健成长，求得良好发展。本章将围绕职场避坑、制订计划、功劳晋升、职场天花板、自由职业者、跳槽等热门问题进行探讨。

1.1 职场新人避坑指南

职场新人的身上总会发生这样或那样的糗事。正是这些事让我们明白，真实的职场原来并不是自己想象中的那个模样。

这里有一份避坑指南送给每一位职场新人。

先说说我自己在新人时期遇到的比较尴尬的一件事。

入职的第二年，我发现部门副总经理B先生利用职权之便为亲戚谋私。在公司利益第一的信仰号召下，我拒绝了B先生要我签字的报销单（我的岗位是主管岗，没有主管签字，费用不太好报销）。后面B先生的报销单是否付款我不太清楚，但随后我被穿了无数双"小鞋"。

接下来几年，我在该公司过得很不开心，虽不后悔，但仍觉自己傻。因为我可以找到比直接拒绝签字更好的办法：答应签字，把情况与部门"一把手"反映，征求他的意见；或者保留相关资料，表明自己是被迫签字的，等等。

出师未捷身先死。职场新人在不具备与别人对弈的实力的情况下，原则性太强最终只会让自己陷入困境。

再来说几位学员的案例。

学员A：到公司都三个月了，每天被安排打杂，如帮领导拿快递，给老前辈传递信息，帮同事整理资料……这么多琐碎的事把时间绞得细碎，感觉学不到东西。

学员B：2021年，她从一所211大学毕业入职，自认为以她的学历和成绩，足够有资格被安排在总部。可进入公司后，公司以下沉实践的名义把她安排到县里，让她每天跟着老员工摆摊设点卖东西。她觉得这份工作非常没有意义，并感觉很丢人。

学员C：到职场后希望得到大家的支持，渴望快速融入圈子，认为朋友越多越好，不拒绝同事组织的任何聚会，最后搞得自己筋疲力尽，在专业上也没有得到提升。

每个人初入职场时都会遇到形形色色的坑，接下来，我将介绍怎么有针对性地避开这些坑。

新人第1坑：职场上朋友越多越好

在家靠家人，出门靠朋友。这是酒桌上经常说的话，也是深入骨髓的传统思想。

长辈在入职前也谆谆教导你："要处朋友，要尊重领导，要尊重别人，要听领导的话……"

新人信以为真，进入职场的第一件事就是寻找朋友：有人会在自己同层次新人中找朋友，毕竟是同龄人嘛，说不定在关键时刻能帮助自己；有人积极参加同事聚会，不懂拒绝，只要是同事组织的活动，都积极参与。

但是职场中朋友不是越多越好，而是越少越好。职场上的朋友，雪中送炭的几乎没有，在危难时落井下石的却很多，能置之不理、各扫门前雪已是非常不错了。

所以说，危难时见真情。没有利益时大家都是好哥们、好闺密，有了利益冲突时，就特别考验人性。

即便没有利益冲突，别看平时没事儿吃吃喝喝，可一到关键时刻，很可能谁也帮不上忙，不仅提不出建设性的意见，甚至还会冷嘲热讽："那么认真干吗？得过且过就可以了。"——这就是无意义的社交。

那么，正确的做法是什么？

梧高凤必至，花香蝶自来。我们交朋友，尽量求精不求多，要远离低层次的朋友圈，寻找积极健康的朋友圈，关注朋友的长处，向其学习，能相互促进成长。要知道，你的朋友圈决定了你的职场方向和机会。

我们进入职场，为了谋求个人发展，而非扩展无效的朋友圈。你需要积累人脉，但更需要有价值的人脉。身边的同事未必能帮助你实现梦想。

新人第2坑：对同事掏心掏肺

每次上课，总有学员问我："同事之间能不能成为朋友？要不要掏心掏肺？毕竟真诚是做人最重要的品质之一。"

真诚的确重要，但真诚不是什么话都要说。当被社会"毒打"一次后，你会发现真诚这个品质，耗人又耗财。

如果你与同事之间一段时间内暂无利益冲突，你们友好相处问题不大。但掏心掏肺，大事小事都可以相互倾诉？打住！风险太大。

谨言慎行，是所有职场人都必须遵守的重要法则，避免隐私交流，避免传播八卦。君子之交淡如水，这句话的关键是"淡"，核心是"水"，淡决定你不能越界，水要求你学会变通，能融入集体中。

真正的朋友，要尊重对方的隐私。职场中，或许你的"闺密""哥们儿"希望你过得好，但是未必希望你过得比他/她好。把那些倾诉、掏心掏肺、炫耀、说隐私八卦、搬弄是非的想法尽快熄灭吧。

你要提防任何一位对你掏心掏肺的同事，这样的人要么无脑，要么有极大的心机，关键时刻很可能会扎你一刀，要尽量远离。

新人第3坑：聚会应酬每次必到，领导安排喝酒每次必喝，一切为了工作

有人说，如今的社会，工作是放在饭桌上谈，事业是滴在酒杯之中，没有一顿饭解决不了的事，如果有就再来一顿，饭局是大家利益交换的场所。

很多新人认同这种想法，考虑到自己人微言轻，想融入圈子，每聚必到；领导安排自己陪同喝酒，那是为了工作和看得起自己，每叫必去，甚至有时深更半夜被叫去参加应酬也爬起床赶去参加……

暂不论新员工过多去参加聚会是否合适，就说每次随叫随到，你觉得自己还有价值感吗？如果你的同事、上级尊重你，想请你吃饭，肯定会提前通知，确认你是否有空。如果快到饭点，或者深夜叫你去，基本上要么是要你凑数的，要么是要你凑钱的。这种饭局慎重参加。

毋庸置疑，聚会能搭建人脉，陪同领导参加宴会可以增进感情，但是过犹不及。每次必到、每场必喝完全没有必要，拒绝有时也是一种自我提升。

人际关系原则上要主动，不能处处被动，要具备独立思考和解决问题的能力，见别人所未见，闻别人所未闻，走在人先。这一点非常重要。

新人第4坑：新人必须使劲表现，才能找到存在感

举几个案例：

会议中，老员工或领导尚未表态，新人A就着急插话发言，搞得大家很惊讶；

同事在一起讨论事情时，新人B随意插话，多次打断别人的谈话；

新人C和老员工一起负责项目，主要工作由新人C承担，老员工做了一些方向指导，这个项目领导挺满意的，领导过问谁做的，新人C说，主要是自己做的，根本就没有提老员工……

初入职场，急于证明自己，迫切希望得到认可，这可以理解，但过犹不及。在职场上过于积极的表现，会被视同幼稚。

记住一点：新人好好表现，绝对没有错，但要基于多观察、多总结、多做少说。

新人第5坑：加班加点就能获得认可

问几个常见的职场问题：打工人要不要加班？加班是否能获得别人的认可？尤其是新人，该如何看待加班这个问题？

很多学员很纠结加班的事，现在大家都很"内卷"，不加班显得自己工作不努力，加班内心又不情愿。

加班与否由以下几个因素决定：

你的工作是否能在限定时间内完成，是否需要赶工期？

你的上级是不是工作狂，对工作要求高？如果答案是"是"，那么他加班，你不加班，次数多了，你可能就会被列入非他属意的人。

有学员告诉我，她发现虽然自己的工作做完了，但是因为领导还没有下班，她身边的同事也都留在办公室，她不知道这样有没有意义，可她是一个新人，更不敢自己先走。

面对这种情况，我的建议是坚持两个必须：一是新人必须加班；二是加班的动机也必须服从你的工作本身，而不是出于表现。

总体来说，短期要服从效益，长期要服从个人成长。加班是否可以帮助自己获得自己想要的，主要看加班的效益，尤其是在加班中是否可以学习到东西，是否能提升能力，才是问题的关键。

一个正常的部门、公司，不会看加班多久，而是创造价值的多少。

新人第6坑：以新人自居，认为撒娇卖萌，可以被原谅错误或少干活

一般情况下，新人进入职场需要适应。这个过程是渐进的，前面一段会比较难，后面慢慢进入角色会越来越适应。

但是，有一点必须指出来，如果工作3~6个月后，还觉得自己是新人，对岗位的业务范围还不甚了解，甚至发生一问三不知的情况，被打上"朽木不可雕"的标签，领导是不会把机会给你的。

以新人自居，撒娇卖萌，这是一些新人的惯用手段。

我朋友的公司就有这样的员工，一问三不知，工作3个月，表格制作还能出各种问题。她的老板对她很不满意，但是她懂撒娇，其他人也愿意帮她。

但是撒娇只能解决一时的问题，解决不了长期的问题。很多人不喜欢员工撒娇，大家都是来工作的，把工作干好才是核心。

撒娇、以新人自居绝对是新人坑，建议新人收起那点"自以为是"的小特权，严格要求自己，尽快熟悉业务，成为独当一面的成熟人才。尤其在民营公司，3个月内无法上手，试用期转正的可能性就不大了。

新人第7坑：认为被边缘化是自己被辞退的先兆

刚到新岗位，有人觉得自己是高才生，一定会得到重视，抱有美好的憧憬，但是没想到自己被安排到一个边缘岗位。

新人被边缘化，在我看来是件正常的事，没有什么需要大惊小怪的。无论多么优秀的人才，刚入职一般都是从最简单的事情做起。一开始就给重要的岗位试错，是人才引进，并非职场新手期讨论的范围。

如果你发现自己被边缘化了，要学会分析具体原因，若是你的不谨慎，泄露了公司机密导致公司遭受损失；或者爱八卦，给人不靠谱的感觉，建议改变自身，谨言慎行。被边缘化可能涉及信任的问题，要么是你的言行给人不值得信任的感觉，要么是该公司职场环境对新人都是不太信任。不管是哪一种，都需想办法证明自己。一个连自己都证明不了自己"靠谱"的人，如何让别人去信任你？

记住，被边缘化未必会被辞退，尤其是新人，我们要具体问题具体分析，找到解决问题的办法，一定能渡过这段艰难的时光。

新人第8坑：多做多错，少做少错，少承担点工作能减少被批评的可能

有的学员抱怨道："领导给我安排很多工作，活多错也多，于是被批了一顿；反观周围的老员工，感觉没有多少工作，也没有见被批评。这一定是多做多错，少做少错，下次我得学聪明点，少接工作，只有这样才能减少被批评的次数。"

你曾经有这样的想法吗？事实上，不少人都认为"多做多错，少做少错"。

事实上，"多做多错，少做少错"的现象确实存在，但作为职场人，也要辩证地看，可以理解为，少承担点工作等于拒绝机会。不是所有职场人都想榨干你，领导或老员工交代工作有部分原因是在考验新人，你推三阻四地不接，一定程度上是拒绝了考验。

我的建议是，作为新人，可以积极主动地承担工作，研究琢磨，不懂再问，寻找机会成长。有些工作在一些员工看来是负担，是烦恼，但是在另一部分人看来，这是一个成长的机会，这部分人，晋升的概率一定大于前者。

换个思维看问题，可以发现不一样的天地。

新人第9坑：新人站队抱团取暖，与老员工形成对抗，保护自己才是正道

我观察到，新人入职后，常会找同期进入公司的小伙伴一起"抱团"，吃饭在一起，开会坐一起，出门聚会也在一起。

新人抱团，各取所需，能理解。毕竟同期进入公司的人可说的东西多，有一

种"同学"的感觉，可以传递信息，吐槽公司，甚至可以对抗老员工。这些想法无可厚非。

但在公司其他人看来，这是新人在搞小圈子。

经过我这些年的观察，从毕业到步入职场，大家的起跑线基本差不多，但是有的人走到了领导岗位，有的人还停留在原地，只是普通员工。

这里我特别要提醒职场人：交朋友要交能相互促进、相互帮助的，要具有长期思维。

事实上，具有长期思维的人比短视的人走得更远。新人圈子，层次基本相同，天天在一起玩不是不可以，但还是要把精力放在业务和自身发展上。

你的时间用在哪里，成就便在哪里。未来可期，就期在你投入的方向和精力的多寡。

以上提及的"坑"虽无法包括新人的所有问题，却较为典型。在此抛砖引玉，希望新人能有新人的自觉，不能让自己沦为职场牺牲品，蜷缩在不良习惯和情绪中瑟瑟发抖；不要让低层次的朋友圈影响自己；适时做出自己的选择，才能让自己避免吃亏，坚定脚步，一路向前。

精 进 自 测 题

回顾下你踩过多少个坑？那时的你是如何应对的呢？

1.2 制订计划的"高手"是实施怠倦者

如何有效规划自己的职业生涯

不知道你有没有发现，在我们身边制订计划的"高手"往往是实施怠倦者。他们对"立Flag"非常热衷，不断地给自己定目标，但等到年中、年末回头看时，这些目标几乎都没有实现。

为什么会这样呢？如何让我们成为知行合一的职场人？看看Facebook（后改名Meta）的创始人马克·扎克伯格是如何做到职场有效规划的。

2017年1月3日，马克·扎克伯格在 Facebook 上写道：每年我都会接受一项个人挑战，去学习新东西，在工作以外的领域提升自己。近几年，我的跑步距离超过580千米，为家里做了一个简单的人工智能助手，读了25本书，学说中文普通话。2017年，我的个人挑战是，年底以前走访美国所有州，看一看各个州的人民。

马克·扎克伯格提及的是每年聚焦一个计划。在我们认为最难的语言学习方面，他于2014年全年聚焦中文，基本掌握了中文发音。2015年10月，他用中文普通话在清华大学做了一场精彩的演讲，随后还接受中文采访，流畅程度令人震惊。他是制订计划并能顺利完成的典型。

与马克·扎克伯格这位计划终结者正好相反的是，我们生活中，有不少制订计划的"高手"是实施怠倦者。

他们有年度计划、半年计划、季度计划、月度计划、旬计划和日计划，甚至恨不得每时每刻都要制订计划，保障自己的时间被填满。他们对计划抱有信心，对计划展现的未来雄心勃勃，并发誓在计划中干出成绩。

那么，这样美好的愿望，真的能实现吗？

实践中我们发现了一个奇怪现象：越是详细的计划，最终失败的可能性越大。正像网络上一个段子说的那样："2020年我的目标，就是搞定2019年那些原定于2018年完成的安排。不为别的，只为兑现我2017年时要完成的2016年计划的诺言。"

实际上，一直没有实现的梦想，容易对自己的人生形成伤害。当然这不是个别现象。2007年，英国布里斯托尔大学的理查德·怀斯曼研究发现，88%的人无法实现年初制订的计划。

为什么扎克伯格的计划能顺利实现，而你的计划却无法实现？

我们以扎克伯格学习中文普通话这件事作为案例蓝本，以此了解其计划能顺利实施的真实原因。

对此，当时扎克伯格本人的解释是："有3个原因使我决定学习汉语。第1个原因是我的未婚妻子（普莉希拉·陈）是中国人，她的祖母只会说中文，当我用中文告诉她我将和普莉希拉结婚时，她会很震惊；第2个原因是我想学习中国文化；第3个原因是汉语是世界上最难学习的语言之一，而我喜欢挑战。"

这里扎克伯格透露了3条信息：一是他学习中文的计划目标关联性强，与家人关联，这种强连接能够激发计划实施的动力；二是他认为学习汉语是一个挑战，恰恰他本人又喜欢挑战；三是他每年都会为自己定一个自己想要实现的计划，这一年主要的计划就在此。

基于以上内容，我们日常制订计划的整个过程中可能存在的误区有哪些？

（1）目标太多，恨不得一口吃成个胖子

我见过一年制订20多个计划的人，减肥、读书、工作、旅游、考证……密密麻麻，让人感觉他特别忙，生活特别充实。

但到了年底，出现了3种情况：

● 大部分计划还停留在原地；

● 部分计划半途而废；

● 仅有一小部分计划得以完成。

出现这些情况的原因是什么？简单来说，是限定时间内的目标太多了，反而失去聚焦；一个人想获得成就感，短期内得聚焦、专注。曾国藩的"一书不尽，不读新书"的坚持，正暗合聚焦目标的精髓。

（2）　设定的计划缺乏挑战性

为什么要制订较为容易的计划？因为这样实现起来不费劲，面子也好看，也会带来自我安慰。但越没有挑战的事情，很多人做起来越没有激情，久而久之便搁置了。《心流》的作者米哈里·契克森米哈赖认为："当周遭的一切都在意料之中时，生活就没有了挑战；没有挑战，生命就没有意义了。"

（3）　计划不可控，缺乏落地的具体方法

有的职场人的计划目标是"我今年一定要获得优秀称号"。梦想是可以有的，咸鱼也可能翻身，但这个计划本身来说，有点超出个人的可控范围。是否优秀这件事本身并不在你个人的控制范围，它不像扎克伯格的目标是可控的。不可控的目标就不具备落地的可能性。

总而言之，目标太多，缺乏挑战，不太可控都可能导致计划流产，让制订计划的人陷入自我怀疑和否定中。这属于战术失策。

心理学对为什么制订计划未实施也作出了相应解释。

TED演讲者德雷克·西弗斯曾说过，很多心理学实验已证明，当一个人把他的目标公之于众时，会不自主地想象自己成功实现目标后的样子，内心已经得到极大满足，所以在现实生活中他就懒得再去做一遍了。这是心理失策。

战术失策和心理失策导致了计划失败，但如果用工具确保计划合理并有效实施下去，目标就可以被实现。

我们要如何做，才能像扎克伯格一样提出计划并顺利实施？扎克伯格的成功秘籍，具体可以分解为三个步骤、五个动作。

三个步骤分别如下。

● 从确立计划（目标）入手，解决无法执行的问题。

● 从实施过程入手，解决半途而废的问题。

● 从计划复盘入手，解决评估提升的问题。

五个动作分别如下。

● 通过挑战技能黄金比例确定目标。

● 精简计划。

● 缩小改变幅度。

● 设定正向反馈机制。

● 构建自我评估表。

具体解释如下。

从确立计划（目标）入手，解决无法执行的问题

目标设定得是否合理是计划能否实现的关键，需执行以下2个动作。

动作1：通过挑战技能黄金比例确定目标

下面的心流体验图，横坐标代表提出计划的人的技能情况，纵坐标代表计划（目标）的难度，也就是挑战。

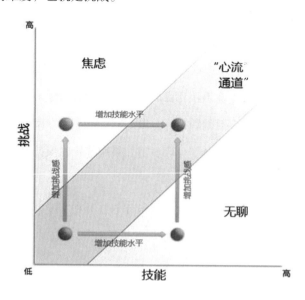

米哈里·契克森米哈赖认为，"心流通道"外的交会点，要么低技能高挑战导致焦虑，要么是高技能低挑战导致无聊。这和大家日常工作和生活中的感受类似。只有在技能和挑战相抵或挑战略高于技能的情况下，人们才有可能形成一种"心流感受"。这是一种通过努力完成超出平时能力的满足感，如同一股力量在心头流动。

简而言之，在职场上我们把这样的目标叫作"跳一跳，够得着"的目标。以你的能力能简单完成的目标，即使实现你也会缺乏成就感、满足感，所以，这样的目标要从你的目标体系中剔除。

除了利用挑战技能黄金比例确定目标，还需要"精简计划"，即我们要介绍的第二个关键动作。

动作2：精简计划

建议向扎克伯格学习，一般每年设置1～2个主要计划即可。当你的计划太多，精力和精神状态却无法完全跟上时，会导致事事都想做，却事事都无法顾全的状况。

所以，要对众多计划进行筛选，挑出最基本的计划，把无关紧要的旁枝剔除，并为保留的计划排定先后次序。

计划设置好了，是否可以进入实施阶段？稍等，建议先用CCA工具测试计划的可行性。

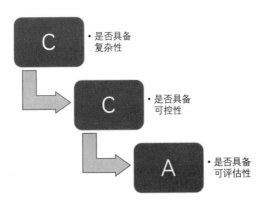

C　·是否具备复杂性

C　·是否具备可控性

A　·是否具备可评估性

C：是否具备复杂性（Complexity）。

这是检验"挑战与技能黄金比例"的主要指标。简单的计划不叫计划，只能算是当下的常规动作。如何评估计划的复杂性？可以从以下两个角度考虑。

一是将制订计划的人自身的情况进行纵向比较。例如，他每年一般读25本书，这次计划读25本或者低于25本，就相对简单了。

二是将提出计划的人与身边的人进行横向比较。例如，你的朋友，平均一年阅读50本书，你计划阅读多少本比较合适呢？

综合以上因素，建议阅读计划可以设置为30～40本。"跳一跳，够一够"就能完成的目标，更容易挑战成功，获得成就感。

又如，制订计划有输出意愿，可再增加挑战难度——计划实施期间，写出15～20篇书评。

复杂性旨在提升计划难度，攻克后才会有满足感。

C：是否具备可控性（Controllability）。

这是计划能否实现的关键要素，原因要从心理学上焦虑的根源说起。人们为什么会产生焦虑情绪？是因为担心失败，担心能力无法匹配目标。所以，你在制订计划时，一定要考虑目标的可控性。

例如，你计划在特定时间内实现晋升高管的愿望。愿望很好，但一定能实现吗？你说可以努力，但是因为决定权不在你手中，一旦这个计划存在无法实现的可能性，你的内心就会焦虑。

打个比方，登上山顶之所以重要，只因它证明了我们爬过山，爬山的过程才是真正的目标。你能否晋升并不完全取决于你的能力，可能会受到多种偶然或必然的因素影响。可控的是你的行为，比如保质保量完成任务、及时提出创新问题、写出多少篇部门宣传文稿，等等。具体来说，你本身可以搞定的，是可控的；其他均可设定为不可控。

基于此，从个人角度而言，结果导向的目标计划都不利于心态培养和个人成长。这也是很多公司一直推行结果考核导向的KPI（关键绩效指标）却无成效的真实原因。

A：是否具备可评估性（Assessable）。

这一点比较容易理解，计划一年读25本书，就是25本，计划写出10篇文章，只要写够10篇就可以，这是可评估的。但是你要说，写出的10篇点击量超亿的文章，这就无法掌控、无法评估，属于"屁股指挥脑袋"，这个计划是不切实际的。

具备以上3点特性的计划才能进入实施阶段。

从实施过程入手，解决半途而废的问题

进入实施阶段，除了坚持、努力，有两个动作至关重要。

动作1：缩小改变幅度

稍微有点难度的挑战都足以让有些人退缩，怎么才能解决这个问题？这一点我们可以学习《瞬变：让改变轻松起来的9个办法》所提出的"缩小改变幅度"策略，即设定小目标，达到小胜利。

例如，将1千米的路分为10段来走，小碎步前进容易达成目标。一年的目标太遥远，不如将时间间隔调整为1个月去逐步攻克。

这已被无数人证明是可行的方法。

动作2：设定正向反馈机制

哈里·契克森米哈赖在写博士论文时，发现了一个重要的现象：当人们在有即时反馈的情况下，常会有欲罢不能的感觉。换句话说，当一个人做事被别人认可或能帮助到别人时，他得到正向反馈，会更加热衷于做同样的事。

除了哈里·契克森米哈赖提出的外界正向反馈（他在书中把这叫作即时反馈），我们认为正向反馈机制还包括内在正向反馈，毕竟我们不确定事事都能获得外界反馈，这时就要启动内心的小宇宙平衡和调剂自己的状态。

内在正向反馈顾名思义，就是由自己操刀进行内在调整，自我探寻现在和过

去的进步，总结并加以肯定，保持积极的心态。我们未必要把全部精力都放在别人身上，要知道每个人的起点和资源都有差异，精力从外转向内，了解自己的进步，尊重自己获得的每一点成绩，会收到意想不到的效果。

从计划复盘，解决评估提升的问题

计划实施完毕等于计划完成了吗？并没有，此时还有一个动作需要实施，那就是复盘。完成不是计划的终结，而是一个新的开始。善于复盘，可以有效解决评估提升的问题。

动作：构建自我评估表

通过自我评估找到这次计划实施的经验和不足，以便于下次优化，我们把这个过程叫作复盘。复盘时，可以问自己4个问题：

● 计划内容难度是否足够？

● 自己在实施中有没有足够用心？

● 这次计划实施过程中尚存在哪些不足？

● 这个计划阶段自己是否有成长？如果有，都在哪些方面？

有兴趣的读者可以按计划填写如表1-1所示的表格，保存下来，以备下次跟踪使用。

表1-1　复盘示意表

计划名称：×××计划　　　　　实施时间：××年××月—××年××月

类型	1月	2月	3月	……	12月
月计划完成情况					
月自我评估（合格、优秀）					
如增加计划难度可否完成？理由是什么？					
自己在实施中有没有足够用心，具体还存在哪些不足的地方？					
成长情况描述					

（如有多个计划，列多表）

总之，三个步骤、五个动作，分解实施计划，及时进行微调和改变，坚持下去，对个人成长定有裨益。

为什么扎克伯格的计划能实现？这里固然有其超强的执行力，但是对我们的启发在于：行动加合理的规划，再辅助过程实施和事后评估，这些看上去不起眼的小事，却一直在影响我们每个人的成长和生活。我们可以用好CCA工具制订合理的计划，可以缩小改变幅度，设定正向反馈机制，最终完成计划。

相信通过努力，一定可以与"间歇性雄心壮志、持续性混吃等死、光说不练假把式"的过去，说声Byebye。

精 进 自 测 题

回顾下近三年立的 Flag，未实现率超过 50% 了吗？看了这篇文章，你打算如何优化自己的计划体系？

1.3 我做了很多事，但得不到领导的肯定，功劳还被他人拿走了

如何处理功劳被抢走的问题

相信很多人有这样的经历：自己尽职尽责、辛辛苦苦地工作，本希望得到领导的一句肯定，可什么都没有；最可气的是在做年终报告时，某个项目明明是你

的功劳，可领导对此只字未提，只说是自己领导有方，甚至你的工作成果都出现在别人的工作报告中。

面对这样的情况，要明白几个问题：什么是功劳？为什么会出现抢功劳的情况？如何避免功劳被抢？

功劳，从字面上看，其实就是你的劳动成果，可能是一份文字文档、一个总结报告、一个精神荣誉，甚至是一件事本身。

我这些年采访过不少职场人，他们对功劳的理解可分为以下两种。

- 只要自己在公司待一分钟，就会依照公司的要求老老实实地上班，这就是功劳。

- 只要是自己经办的，不区分参与和主办，只要完成任务就是功劳。

有人认为付出了时间就应该是功劳，这可能是一个误解。例如，看大门的时间成本和做科研的时间成本一样，但是对公司的贡献完全不同。这是工种性质决定的。所以，我们给功劳下一个简单的定义：功劳由付出组成，但考量的标准是其带来的价值。

功劳就是你能创造的价值。

没有价值的努力，不算功劳，甚至对公司、个人没有一点帮助。所以，有的功劳不算真功劳，领导不肯定你的行为也在情理之中。

下面我们详细分析为什么你认为的功劳并不属于你。

1.你遇到小人

不管是同事，还是上级，自己不干活、无耻占用别人的成果，这样的情况在现实中是真实存在的。癞蛤蟆不咬人，但是膈应人。只要有人的地方就有江湖，有江湖的地方必有小人，而小人不抢功劳才怪。

2.发声者对功劳有误解，导致自己误判形势

我们经常听到这样的抱怨：经常加班却没有取得什么成绩。加班未必是功劳。

偶尔加班可以理解，如果经常加班，要么是公司的工作布置出现问题，要么

是自己的工作能力欠缺。磨洋工的加班不是功劳，有工作成效的加班，才有可能算成功劳。归根结底，你的加班是否创造了价值，决定了你是否有功劳。

3.角度不同，导致对问题的解读不同

你当下认为重要的东西，在别人看来或许根本就不重要。在上级看来，这只是你分内的工作而已，或许你确实很辛苦，可他觉得理所当然，甚至这件事情交给别人或许会做得更好。

4.对流程有误会导致功劳被拿走

有的公司，对汇报流程有相关规定。例如，有的工作，必须你的领导去汇报，你若越级汇报就违反了规定。

5.节奏踩错了

工作总有轻重缓急。每个领导在不同的阶段都有他认为的重点。这就需要我们不断地沟通，确定现阶段的主要任务。例如，现阶段B项目是重点，而你把大部分的精力放在A项目上，那你的工作节奏就错了。工作节奏出了错，该做的重要项目没有做，那你付出的精力再多，领导也很难认可你的努力。

6.方向搞错了

走错了路，再多的功劳都是自以为是。

我们梳理了功劳可能不属于你的原因，有主观也有客观的，有外因也有内因。有针对性地处理这些问题，才能将自己的功劳拿回来。

1.学会甄别

我们读书、观人的终极目的是了解这个世界，了解自己，了解事情本来的规律。在职场中，要了解自己所处的位置、所做事情的价值如何、领导的看法、流程的设置，把这些弄清楚。

关于功劳被抢走，是流程使然，角度不同，还是被人"坑"了？强大的认知让你变得更加睿智，学会甄别后就可以针对不同问题找到解决办法。下次遇到类似的事情就知道如何处理。

2.放平心态

有人说，职场熬过去是励志，熬不过去是离职。

这句话说的就是心态的问题。从某种程度上看，职场只是一个谋生的地方，如今很少有人一辈子待在一个地方，只与一群同事共事，与一个领导在一起相处。什么心态值得称赞？是把每一次经历都当成是学习和成长的机会，眼前的所谓功劳大小，根本就不是自己的"诗与远方"；眼前的小亏，也只是未来沉淀的基础。

3.了解公司和领导的诉求

有人说，功高不能盖主，不能冒尖。这其实是错误理解职场的做法。做事要高调，做人要低调，是职场一个较高的境界。

我们要明确一件事情：职场上，除了个别小肚鸡肠的领导，大部分还是希望员工能出业绩。

例如，我曾经有一个同事，善于做PPT，能快速领会高层领导的想法，形成会议的发言材料（注意，这是非常重要的职场能力，不仅是智商的考验也是情商的考验）。他的上级对此很不满意，怕自己会被取代，总是从多个方面打击他。他心里也知道，但依然我行我素，同时不断地提升自己，做了两手准备：如果上级的上级能洞察此事，并及时制止（当然他也会在适当的时候说明自己受到打击），就留下来；如果不行就离开。有能力的人在任何地方都有机会，面对问题不慌，持续提升，才能变成更厉害的自己。

要想保全自己的功劳，最好的做法是使自己散发光芒，成为公司不可或缺的人，自然就不会出现功劳被抢的情况了。

精 进 自 测 题

你是否遇到过功劳被抢走的情况？遇到这种情况你是如何做的？阅读这节内容后，你会如何处理类似的事情？

1.4 一眼能看到自己未来的人生轨迹，该怎么办

如何搭建职场天花板的突围模型

不知道你有没有这样的感觉：入职一家新公司时感觉特别兴奋，充满憧憬，干了一段时间后，知道其运行逻辑，也知道上升通道的顶点在哪里，一眼看到未来在这家公司的工作轨迹，心里沮丧无比。这时该怎么办呢？

30岁那一年，我在一家"世界五百强"的公司上班，这是很多毕业生梦寐以求的一家公司，福利待遇特别好，管理规范而且有一定的晋升通道。但我发现一个问题，即这家公司的每个晋升条件中，都会把年龄限制在35岁以内。

我是希望自己在35岁前有所突破，但每次只能进步一点点，而那所谓的天花板根本无法触及。

35岁那一年，我想"躺平"了。因为我发现无论怎样努力都无法晋升到我想要的岗位，我无法体现自己的工作价值。这时，人脉、资源、能力、年龄都成为限制条件。仔细盘算下，还有30年退休，我就这么干熬下去吗？

当时我无比纠结，最后决定再折腾下，辞职！

我的学员也遇到过类似的问题，他从一个懵懂的新员工成长为较能胜任工作的骨干，在公司得到了一定的认可，但是他有一个困惑，从目前情况看，再往上走的难度很大。现在他的人生选择题如下。

第一，安于现状，容易被淘汰或不甘心。

第二，不安于现状，想跳槽但又担心失去在现有公司积累的优势。

第三，不安于现状，但不跳槽，感觉自己干耗在这边也挺没有意思。

类似的情况一般出现在老员工身上。他们的共同特点是能力停滞，晋升无望，对未来悲观，比较迷茫，常常困惑于这几个问题：

为什么我做了很多事情却没有升职？

为什么我明明很努力却没有加薪？

为什么我经常加班，个人能力还是得不到提升？

为什么别人跳槽工资翻倍，我却只能在同一个水平上小幅度波动？

答案其实很简单，你遭遇了职场天花板。职场天花板，不仅是个人能力的天花板，还可能是环境的天花板。

40岁左右的部门主任，再向上"攀登"的可能性较小，一是年龄大了，很多组织中均有年龄限制；二是名额过少，金字塔尖的领导岗位就那么几个，打破头去争也争不过别人，即便可以争取到，所耗费的资源又较多，算一算，又觉得不太合算。

一线员工工作10年后会怎么样？有的跳槽换个环境继续探索天花板，有的在原公司等待机会。但是，一般情况下，从你的行业、工作岗位就能看到你的天花板在哪里。

例如，如果你是技术人员，一般情况下短期内可以走上主管岗位，在35岁前（可能要更早）走上部门负责人岗位，再继续向上就是副总经理、总经理。大部分人停留在主管或部门负责人岗位。每个人的天花板是不一样的，一般技术人员的天花板是主管或部门负责人，部门负责人的天花板可能是副总经理或总经理。

为什么每个人都有属于自己的职场天花板？

宏观方面，职场天花板的出现有其社会大环境的因素。例如，汽车行业竞争的白热化，燃油车制造业就产生一个天花板；又如，由于环保的要求，北京周边非环保的公司就会遭遇天花板。

微观方面，职场规则限制、个人能力遭遇瓶颈甚至是身体素质都会导致职场天花板的产生。

首先，公司领导的格局和能力限制公司当下的发展。一个怀着卓越梦想的公司，一个有魅力和有能力的领导者，会让这个公司的冬天来得更迟一些。公司的领导是公司的灵魂。事实证明，民营公司的领导对公司的影响会更大一些，而体制内的企业领导一般情况下因受到限制较多，给这个公司带来的改变是有限的。

其次，人只能获得自己认知范围内的财富，走认知范围内的路。个人对自身未来的诉求也是产生天花板的关键因素之一。如果诉求不高，对未来没有规划，就等于没有方向；没有方向，更谈不上努力。

最后，公司的规定、机制等也是产生职场天花板的原因。一些公司有一系列的晋升途径，有的熬资历，有的拼业绩，均有一些制约，除非有特殊贡献，否则一般人在进入35岁后就可能看到自己10年后能走到哪一步了。

如果不考虑个人晋升，而是看内功——专业技能的获取和提升，这就是无限的游戏，学海无涯，这就没有天花板了。

如何突破职场天花板？有四点建议或许能帮助你。

先做个选择题：你希望实现下面哪一个方面的晋升？

● 能力晋升。

● 岗位晋升。

● 能力和岗位都能晋升。

事实证明，能力晋升和岗位晋升不是呈正比例关系。

（1） 找对努力的方向

很多人跳槽越来越好，就是在不断突破天花板，在新平台寻找属于自己的新的价值。但是不知道大家有没有想过，跳槽的本质是人生方向的选择。方向选对了，就可能坚持下去，并做得更好；方向选错了，要么及时止损一切重来，要么"认命"躺平。

所以，职场人的跳槽是面对未知和不确定的担当，更是方向选择的勇气。

我遇到过一个姑娘，她想进入证券行业，为了实现这个目标，她梳理自己欠缺哪些能力，然后选定若干家金融公司，分析每家公司可能对哪方面的能力拓展有帮助，再去应聘，接下来在公司中不断学习，待相应能力锻炼好了，就离职去下一家，继续学习成长。我把这个故事分享给同事，同事却说这个姑娘不地道。

我笑了笑，这就是认知的差异。现在人才流通较快，公司和个人各取所需，一辈子待在一家公司的人，要么是愚忠，要么是庸人，还有少数是力求安稳。

我坚信这个姑娘的未来一定很棒，只要她坚持努力。

（2） 多做点有目的的努力，减少无意义的努力

要突破天花板，一定要有明确的目的。目的性很强不是贬义，反而是对生命的尊重。

有些人每天都特别忙，但是不知道自己在忙什么。

出现这种情况，一大原因就是目的性不强，东一榔头西一棒槌，干3年也没有干出个所以然；3年后的他与3年前的他，能力整体上未有较大进步。

很多人的努力中只有汗水，没有成绩。要做出成绩，必须剔除那些与目的无关的事，每日三省，反复筛选自己的工作和认知，避免瞎忙活。

（3） 要向外看，跨界或许有更多机会

我们重视在行业内或者公司内部自己的成长。实际上，走出公司，从大行业看，自己的成长算不上什么。世界那么大，我们是何其渺小。

要想在大行业中有不错的成长，就要锻炼自己各方面的能力。例如，要读一些书，增加自己的知识储备；多与"高人"沟通；空下来时学习如何写作、如何做演讲等。很多知识是有关联的，提升其他能力，很可能就提高了工作能力。

我在讲专业课程时，经常用看似与专业没有关系的知识来诠释，这是一种跨界方式。还有一种跨界方式，就是多接触其他行业，或者自己去做兼职、交朋友。个人建议，适当跨界对认知突破有很大的帮助。

（4）　诊断问题，确定问题根源

为什么会产生职场天花板？如没有诊断出问题的根源，就谈不上改变。首先，一定要区分直接原因和根本原因。直接原因是导致问题产生的可见的东西（行业规定、身体状况、年龄因素、机遇等）。其次，认识到根本原因是引发结果的深层次原因，找出深层次原因才是解决问题的根本，才能不断带来回报。职场可见天花板产生的深层次原因是知识结构、能力素养的欠缺。

事实上，只有注重根本原因涉及点的提升，才能保证自己职业生涯的精彩度。一位3年后就可以退休的高管在大家的惊讶中辞职了，同事本以为他会再过几年顺利退休，领取高额退休金休息养生，过上很多人羡慕的生活。但他没有选择等待退休，而是接受一家大型公司的聘请，去做CEO（首席执行官）了。他之所以能获得这个机会，是因为他对市场营销和运营熟悉，职场经验丰富，能力非常突出。

这个案例对职场中老年人绝对是一个警醒，千万别说年龄是个门槛，说到底，能力才是个门槛。

电影《上位》中樊娇凤问罗臻："我要怎样，才能更进一步？"

罗臻告诉她："你必须改变你的做事方式。"

"怎么改变？"她反问。

罗臻说："提升你的努力质量。"

天花板有时是自己设置的，要打破它不仅需要努力，更需要有方向、有目的

地努力。世界会慷慨奖励用对方法的人，只要掌握了正确的方法，再遇到下一个天花板，你就能应对自如。

1.5 要不要辞职变身自由职业者

建议弄清楚这4个问题再做决定

网络上有一个讨论度很高的话题：你会辞职做自由职业者吗？

新型冠状病毒感染让很多人体会到了居家办公的好处：不用一天耗费近2个小时的通勤时间，不用挤公交或地铁，不用看上司的脸色行事，不用身处复杂且尔虞我诈的人际关系，也不用每天早早出发踩点上班。这种自由宽松的办公方式让很多人沉迷其中，进而萌生辞职后做自由职业者的念头。

但也有很多人认为自由职业不是那么美好，风险太大。我有一个朋友，她原来是自由职业支持者，但疫情让她态度顿变，坚决反对自由职业。

辞职还是不辞职，这是个问题。

作为职场人我们要如何决定要不要做自由职业者？

有人看到互联网上辞职成为自由职业者的人很风光，自己便心痒痒，觉得那就是自己要的生活。殊不知，部分声称向往"自由职业"的职场人，实际上是想逃避现实，认为只要逃离现在的物理位置就能创造出一片天地。

还有一种职场人，被称为"焦虑人"——看到别人辞职了，他就会焦虑；看到有人宣传做自由职业者月入10万元，他更焦虑。焦虑的原因在于他看到别人快速变现，而自己只能赚固定工资。

他只看到了别人快速成功，而忽略了成功者为成功付出的更多东西。事实上，那些没有成功的信息才是对我们有帮助的关键的信息。如果有人告诉你只要你努力，只要你交了学费，你就能成为变现百万元的成功者，那他很可能是骗子。

自由职业生涯的根基是建立在对自己的正确认识上，明确自己能做什么，想要什么，而不是看别人做了什么。根据自己的情况做好规划，不冲动，不跟随，不人云亦云。

在做出决定之前，请考虑以下几个问题。

问题1：你能受得了焦虑吗？

问自己一个问题：你在没有固定收入的情况下，会因为一周没有拿到钱而焦虑吗？如果会，请放弃做自由职业者的想法，快点找一份固定工作，本本分分工作去吧。

自由职业，顾名思义，是自由安排自己，但收入也可能自由，或有或没有。再也不会像上班时每月有固定工资打到你的卡上。格林沃尔德的研究认为，自由职业者除了小部分佼佼者可以自行定价，大多数人几乎永久地处于"未被充分雇佣"的状态中，在体会到自由的同时，也体会到"大量的焦虑感"。

没有什么比贫穷更加让人焦虑的了。樊登讲过，他辞职第一年特别焦虑，还完各种贷款后，手里的钱所剩无几，他不知道该怎么办。

最后他在《论语》中找到了答案。《论语》说："君子忧道不忧贫，君子谋道不谋食。"对于优秀人，想该想的，做该做的，自然能挣到钱。

但对没那么优秀的人而言，就必须提前规划。做自由职业者的前提是你不算一个特别穷的人，至少能有一定的存款，可以保证一日三餐。

问题2：你有垂直领域的深耕经验吗？

对于自由职业这件事，个人建议是在有工作保障的情况下，提前筹备，而非冲动辞职后，再去考虑自己在哪一块打拼。

实际上，自由职业与创业一样，都需要摸索。我的一个朋友，在公司工作时对文案比较有兴趣，陆续参加了几个培训班，与做文案的同仁进行沟通，尝试接了几个单子后，觉得收入相对比较稳定，于是辞职成为自由职业者，进入令人羡慕的云工作时代。后来他继续拓展自己的事业，成立了一个小工作室，带几个人做自媒体，做得风生水起，整体收入还不错。

他曾经给我们分享经验，他说："有确定的行业，自己要对这个领域熟悉，最好做与本职工作关联性较强的事情。"

例如，他做的事情包括做文案，写广告，上抖音拍摄文案视频，做培训老师，接商业广告。在这圈子已有一定名气，这是关联垂直领域的好处。

在辞职前，一定要想明白：你有合适的垂直领域吗？你能经得起不确定性的摔打吗？

虽然世界上机会很多，但是优秀者不止你一个人。你要能拿出真本事，才能脱颖而出；你要拿出让人眼前一亮的深耕经验，才能让你成为相对稀缺的人才。

问题3：你足够自律吗？

自律是自由职业者最大的挑战。

自由职业者特别自由，可以不受上级管理，可以无限制刷抖音，可以自由安排时间看剧或睡懒觉，可以参加无数的社交活动。但是，这不叫自由，这叫作放纵。

自由职业者在没有人监督的情况下，必须自己规划自己的学习、工作和成长，懂得高效利用自己的时间，才能让自己更有竞争力。

足够自律的人有如下5个特征。

● 有强大的执行力，今日事今日毕。

● 答应别人的时间安排，一定要实现。

- 决定做一件事，就持续做下去。

- 不需要别人给你提醒，自己就会主动规划好工作安排。

- 有阶段性目标，并一定会实现它。

自由职业者没有固定工作托底，所以更需要自己管理自己。如果不具备以上特征，可以暂停成为自由职业者的幻想。

📊 问题4：你有职场思维吗？

自由职业者，首先是职业，既然想要做好职业，无论是做什么，都得有职业思维。所谓的职业思维，是时刻明白自己要做什么，即自己能干什么，不能干什么，以及如何去干成这件事。

一些人认为只有辞职后，才能实现自由，自己混得不好，是因为当下的工作限制了自己的自由，限制了自己的成长。

实际上，辞职前没有做好的事情，辞职后也未必能做好。不要说"辞职后，我就能大干一场"，也不要说"辞职后，我就能有更多的时间去学习和发展"。

对于大部分人而言，职场思维是在其位做其事，在任何地方都要把该做的事情做到完美。养成良好的职场思维能促进你成长，让你不做逃兵。

世界这么大，云工作、直播等新事物正在带领整个世界前行。众所周知，改变有风险，但是一成不变风险更大。人生需要及时更换赛道，不同的人有不同的活法，你要活成你自己喜欢的样子。凡事想明白再决定，成功的概率会更大。

[精][进][自][测][题]

你有冲动创业的想法吗？看完本节的内容，你打算怎么做？

1.6 为什么有人跳槽越来越好，有人却越来越差

如何让跳槽成为你的职场助推器

有一位HR向我吐槽："现在招人用人真难，00后、90后都不好管理，遇到点问题就想跳槽。"

工作这些年，我亲自面试的人员不低于2000人，很多人的第一份工作也就持续1～2年。在和这些应聘者的沟通中我了解到，有的人是第一次职场选择出了问题，感觉选择的不是自己想要的岗位；但是后面的跳槽原因就因人而异，有的人越来越好，有的人越来越差。

为什么有人跳槽越来越好，有人却越来越差？越来越差的问题到底出在哪里？如何才能正确地跳槽？

从HR和公司老板的角度而言，筛选简历除了看学历、经历，还要看每段经历的时间。我的习惯是看工作期间换了多少份工作。那些工作换得比较频繁的，例如，每份工作干不过1年的人，选择起来就要谨慎；要是行业之间没有关联性，基本上就不会考虑。

对于绝大部分人来说，跳槽的深度决策成本较高。对于个人来说，这也是一件伤元气的事，且在简历上给人留下不够稳定的印象。即便能解释的，但是要是人家不给你面试机会，不就错过很多机会吗？

为什么要跳槽？

一般来说，跳槽分为主动跳槽和被动跳槽。

● **主动跳槽的原因**：价值观不合拍，技能停滞不前，人际关系方面糟糕，工资不满意，工作地点与家庭地点相隔太远，等等。

● **被动跳槽的原因**：多出现在公司分流、裁员、被辞退等情况。

"女怕嫁错郎，男怕入错行。"换一个地方工作有时伤筋动骨，需谨慎，勿冲动。如果决定要跳槽，考虑清楚再跳。

跳槽要考虑哪些因素呢?

（1）考虑跳槽成本

求职者最关心的是如何用最小的跳槽成本，争取最大的权益，化解跳槽风险。需从两个方面考虑跳槽成本。

一是了解跳槽成本的构成，具体如下。

● **年龄成本**：年龄越大，要考虑的东西越多，如孩子教育、家庭经济状况、身体承压程度、学习能力强弱、上班时间安排，等等。

● **重新学习成本**：即便是同一个行业，也定没有完全相同的组织架构和流程，跳槽后需要重新学习，这需要精力，根据工种的不同，学习期一般是3个月到1年。

● **业务熟悉成本**：跳槽必须重新熟悉业务，业务越复杂，所耗费的时间越长。

● **人脉成本**：到新公司后，原来的人脉是否还能使用是不确定的；新的人脉尚未建立起来，更需用心去培养和磨合。

二是不要着急离职，"骑驴找马"是比较稳妥的方式。最稳妥的是拿到新的Offer，而不是口头承诺，不然一句对不起，两边都没有着落了，又得去新的战场奔波。樊登在一期节目中曾提到，现在年轻人跳槽过于着急，从跳槽到入职新公司留了一段空窗期，这样给职业生涯增加了不确定性。若你是公司管理人员，建议跳槽要等对方岗位确定后再办理离职手续；若你是一线员工，一般要到拿到报酬或年终奖后再跳槽。不过我也听说一些公司为了提高员工跳槽成本，将年终奖放在次年6月发放，这无疑给员工跳槽增加难度，毕竟，6月以后公司招聘并不像年初那么集中。

（2） 锚定主动跳槽的原因

跳槽如同炒股，均为了提升预期效益。那么，你的预期效益是什么？为了获得更高的酬薪？为了追求稳定？为逃避现有的人际关系？为了获得更好的自我提升？还是为了实现梦想？

调查显示，薪酬是跳槽的第一大原因。跳槽是涨薪酬的好机会，新东家给你开出的条件，是你现在收入的一个倍数。例如，新东家给的薪酬是现在薪酬的2.5倍，很多人选择立马跳槽；涨幅低但是机会多一些的话，也值得跳槽。对于追求上升期的人而言，跳槽是为了成就更好的自己，如果你还年轻，到了新公司可以获得更好的提升，即便薪酬稍微降低，也可以尝试。

（3） 工作多长时间可以跳槽？

这很难有标准的答案。

工作一段时间后，判断是否该跳槽，有两个标准。

- 主要看你现有工作与自己的匹配度。我的建议是当你的工作出现以下状态的时候，是跳槽或申请换岗位的最好机会：在岗位上再也无法获得提升，学习不到新东西，工作重复到厌烦。

- 你的公司大环境的情况。例如，你的工资是否随公司业务发展而有所增长？在过去五年内，你的工资增长是否低于通货膨胀率（或者主营收入增长率）？潜规则和暗箱操作情况是否普遍？公司部门壁垒是否严重？答案如为"是"，则有必要寻找下一个东家。

（4） 避免习惯性跳槽

在二十几岁入职到45岁之间的职场关键时期，经常跳槽可能会导致积累不够，并给新东家"不稳定""缺乏职场规划"的坏印象。我的一位大学同学跳槽5次以上，到了新东家那里，人家一看履历，直接将他否定了。人力资源部希望自己招聘的人能在公司工作一段时间，毕竟培养一个新人成本太高了。这位大学同学感慨说："跳槽如同流产，会形成习惯的。"话糙理不糙。

（5） 明确自己的跳槽理由

新东家一定会问跳槽理由，很多人的面试就败在这一点。我曾经面试一个员工，问到离职原因时，他说实在受不了原来的领导，虽然说得非常委婉（至少他自认为表达得非常委婉），但是直接被面试负责人否决了。

那么，什么是合适的跳槽理由？

● 对公司未来的期许。

● 自己能力与公司招聘要求的高匹配度。

● 对新公司有强烈的信任感和信心。

● 想要继续提升等。

这些都可以是你的跳槽理由。也有一些求职者，表达自己想就近上班，照顾老人和孩子等，这些虽不算最佳答案，但也可以使用。那么，哪些理由不能用呢？

例如，原来公司部门之间经常发生冲突，老东家效益不好，管理不到位，不重视个人培养，有地域倾向，自己与同事关系不太理想，自己个性比较耿直得罪了人，等等。新东家听到这些理由，会觉得有可能自己也会成为你眼中的"老东家"，所以可能会拒绝你这个潜在风险。

（6） 要确保"能位"相配

实际上，并非每次找不到如意工作的原因，都是你的能力与应聘岗位不匹配。跳槽者不能紧盯高薪一个指标，也要考虑自己能不能胜任新的岗位。

（7） 快速盘点资源

● **盘点人脉关系。**即便是离开公司了，原来的人脉关系该通知要通知到，没有合作也可以做朋友（做不了另当别论）。公司的同事以后说不定还有合作的机会。我有个朋友离职后，有一次发朋友圈介绍新东家的产品，原来的同事联系他购买这种产品。毕竟原来是同事，信任方面总比陌生人要多一些的。另外，也要与外在人脉资源及时保持联络，别成了"用人朝前，不用人退后"的状态。

● **盘点资料**。公司的文档可否带走？实际上，对于敏感的数据尽量不要带走，而对于一些流程性的东西可以保存下来，整理进自己的资料库，说不定在未来的工作中会用到。

（8） 学会借脑

人在信息不完整的情况下，很难做出正确的决策和判断。能力、眼界、经历等都是影响问题研判的关键因素。如果在一件重要的事情的判断中你力有不逮，就不要自己反复研究了，认知天花板在那里顶着，无法短期突破，强行为难自己，很容易判断失误。我的建议是别做超出自己能力范围的事，把决定权交给那个能做出准确判断的人。千万别向同一认知层面的人咨询，找对行业趋势比较了解的人。做事要借力借脑，可以花钱找专业人士咨询相关问题。

（9） 提前做跳槽准备

跳槽绝对不是一蹴而就的事，一定要提前布局做好知识储备，提升能力。

跳槽准备要提前多久？一般是提前半年或者一年。对于希望跳槽的职场人，需要提前准备如下内容。

● 获取招聘信息。

● 了解中意公司对应聘人员能力的要求。

● 了解哪些能力是需要你尽快查漏补缺的。

● 了解中意公司的经营情况。

● 了解中意公司的业绩和盈利模式。

● 了解新东家老板的性格及人格魅力。

● 了解中意公司的内部晋升机制。

● 如果是上市公司，了解其入股情况。

● 制作求职信和简历。

● 了解面试技巧等。

准备的过程即为查漏补缺的过程，也是自我提升的过程。

跳槽不是说走就走的旅行，而需步步为营。世界上根本就没有无可挑剔、绝对完美的事情，人生是选择题，我们要确保下一个选择比上一个选择更好。

精 进 自 测 题

你打算跳槽吗？如果决定了，你打算怎么做？

1.7 离开平台，你可能什么都不算

如何做一名离开平台依旧吃香的个体

平台问题一直是职场的热议话题。

有的员工觉得自己水平还不错，自己对平台是有帮助的，能左右平台的成长，是平台不可或缺的一部分，平台是离不开自己的。

但这样的人真的是大多数吗？到底是平台成就人，还是人成就平台？

一位采购岗位的员工找到我说，他想辞职，理由是人往高处走，水往低处流，自己要单干去了。听起来这很正常嘛。但是我听他说下面的话后，忽然觉得他的前景堪忧。

他说:"我在这边认识的采购商比较多,他们非常尊重我,还说不管我干什么都会给我支持。所以,从公司辞职后,打算自己单干,采购商的资源足够使用好久,一定能挣钱。"

一年后,这位单干的小伙伴创业失败,又重新找了一家公司继续打工。有一次饭局中我们偶遇,他感慨道:"离开了原来的岗位,其实没有人把你当回事。那些供应商根本就不理睬我。"

还有一个案例。一位某互联网大厂的P7级年轻人,参加过很多重要的活动,收获了无数人关注的目光,但是因为一个错误被该大厂边缘化并裁员。他认为自己在大厂干得还不错,有那么多资源,得到那么多认可,微信中有许多大咖给自己背书,还有一些供应商,关系也不错,自己以后找工作必然不难。只是没有想到,离职后,他应聘了30多份工作均未被录取。为什么离开大厂后,他找不到工作呢?因为他原本的成绩,更多是依靠平台获得的,它体现的更多的是平台价值,而非个人价值。

平台和平台价值是什么?

平台可以是公司、项目、你现在的人脉体系。总之,平台是支撑你的职业生涯的东西。

人总不能一辈子待在一个平台,需要适时跳槽,换环境,调整自己。

平台价值是什么?

先举个例子:2个人与你谈合作,他们报价相差不到20%,你愿意选择与下面的哪一个人合作呢?

A:一个不知名小公司的客户经理,报价每件商品100元。

B:某全球500强公司的客户经理,报价每件商品120元,但是保障服务和平台承诺到位。

大部分人会选择B,这就是品牌力量。

对于客户经理而言,这就是平台价值。你会觉得A的客户经理能力和魅力就比B的弱吗?未必。但是加持了平台的力量后,个人就显得不是那么重要了。

再举个例子。有一次朋友聚会，我偶遇从某公司法律事务部离职的熟人。他现在加盟一家律师事务所，40岁出头，整个人的状态与在原公司时完全不一样。我问他："现在感觉怎么样？"他说："离开后才知道世界很大，原来以为所在的平台很好，没承想还是眼皮子浅。"用他的话说，在原公司自己每天做审合同的工作，虽然安稳、高薪，也有很多人尊重自己，但是到了新平台，可以做更多的事，内心非常满意。不可否认，原公司的沉淀对他也是有帮助的。这位朋友明显是"老平台培养了自己，新平台成就了自己"的情况。

说到这，我们继续聊聊另外一个话题——个体价值。

个体价值是什么？

顾名思义，个体价值就是个人呈现的价值。

请记住，当平台价值大于个体价值时，职场人应该做的，是用好平台，多学习，多体验，多挑战，多储备，让知识和能力内化。在平台上学习，比在平台外学习更轻松，更有成就感，这是很好的自我提升的机会。

事实上，平台价值是由平台带来的隐性或显性的价值。例如，组织的品牌赋予员工价值；组织中可供使用的资源给员工带来影响力；公司可以给员工"背书"；优秀的企业平台可以增加营销的说服力……不同的组织，影响力有所差异，导致员工的社会地位、个人影响力等方面也有所差异。

平台的价值在于，可以培养你，可以成就你，也可以限制你，至于结果如何选择，关键在于个体价值的可想象、可扩展的空间。

职场上拥有话语权，能帮助自己、他人，为公司创造价值，形成一种交换关系，这就是个体价值。在同一个平台上，每个人的能力不一样，创造的价值会有所差异。我们来看看个体价值的计算方式。

个体价值有2种计算方式：一是个人基本或完全依靠平台展现自己，二是个体价值和平台价值处于双赢的状态。

同一条起跑线上的人，在不同平台上个体价值也是有差异的。

举个例子。

两位大学同学，他们在工作5年后相遇，其中一位在大中型国有公司工作，一位在华为公司驻非洲办事处工作；前者工作安稳，每项工作都是按部就班；后者"颠沛流离"，时常见到非洲某些国家高层。两个人的气质明显不一样，前者眼界不足，在沟通中好些话题插不上，总是陷入体制内的鸡毛蒜皮之事无法自拔；一位侃侃而谈，思维清晰，从国内形势到国际大势都能说得清楚明白。两人高低立马可见。

实际上，有平台的个体价值和没有平台的个体价值相比较，差异性较大。前者依赖于平台，用好平台可以创造更多个体价值，这也是为什么大家争先恐后地要加入大平台，你为平台做事，平台反馈给你更多的机会，甚至创造跨平台作业或跳槽的机会；后者更能看出一个人的存活能力，因后者是剥离了你在公司中所有外在的东西，比如资源支持、公司的影响力，你还能干什么？正如那位在华为工作的朋友，若他以后离开华为后还能创业，还能被人邀请，那就是实实在在的个体价值。

所以，无论是平台价值论还是个体价值论都忽视了一个问题：平台有差异，个体也有差异。差的平台也有强的个体带领平台走上高峰，好的平台也有差的个体在里面混日子。归根结底，个体与平台是一种共生关系。

为什么有的人离开平台会失败，有的人会成功呢？

明确去掉平台的光环，有多少成就是你自己获得的，不要混淆了自己的个体能力和平台赋予能力之间的差异。

职场新人也好，老人也罢，都应正确认识自己。你的能力是否可以超越平台？如果不能，我们继续聊聊，如何保持清醒的头脑，保证合适的前进步伐呢？

如何用好平台成就个体，有以下3个操作办法。

（1）找到个体与平台的平衡点、切入点和融合点

抱怨平台不行，更可能是没有找到平台和个人价值之间的平衡点、切合点和融合点。

某位作家一开始在公司里负责业务方面的工作，可总不顺手。他与公司领导沟通后，被调入办公室负责文字工作。在这个平台上，他接触到很多写作大咖，也慢慢形成了自己的文字风格，获得不少培训资源，在各平台上发表了不少作品。

随着名气越来越大，文章越写越好，他在公司获得尊重，自己也出版了几本书，有时还在外开办讲座。退休后，写作、讲课，忙得不亦乐乎。正因这位作家找到了契合点，在为公司创造价值的同时，也在打点自己的人生。

（2）做好平台外的资源和能力储备

人无远虑，必有近忧。

随着时代的快速变迁，艺多不压身，在为平台创造价值的同时，也要为自己创造机会，获得更多的资源、人脉及培训，用个人提升去推动平台的发展，给平台一个价值反馈。

具体要储备什么呢？不同的岗位，差异性比较大，谈几个共性的内容。

- 了解与现在工作平台类似的平台对员工能力的要求。例如，你在腾讯视频工作，那么要了解其他视频网站对从业人员的要求，以及其他平台的形势。当你要跳槽时，最快的解决方法不是跨行业，而是在同行业平稳切换。

- 要了解当下哪些行业更受欢迎，会是未来几年的发展趋势。例如，2020年春节新型冠状病毒感染疫情暴发后，互联网出现变革，知识付费迎来高潮。对大势有基本了解后，反观自己是否还有能力不落后于时代？

（3）尊重平台，与平台共赢

无论何时何地都不要公开抱怨原公司或者部门，尊重平台对你的支持，也许在你看来这种支持微乎其微，但是至少在这个平台上，你学到了知识，获得了薪酬等；永远要把平台利益放在前面，不出卖平台利益，否则最终受到伤害的还是自己。

从根本上说，你所在平台的高度决定你的个体高度。例如，樊登原是中央电视台主持人，迄今这段经历也是对他有所裨益的。没有中央电视台这个高平台，他后续进入大学、创业都不会像现在这么容易。平台是每个职场人赖以生存的载体，平台会给我们提供很多的机会，让我们做出成绩，实现自己的人生价值。无论在什么平台，都要尽最大努力放下眼前得失，着眼未来。放眼人生的整个职场时间，一时的得失根本影响不到你的未来。当然，这一切的前提是你要找到一个和职业规划相契合的平台，如果平台不能给你更多机会，也应及时止损。

查理·芒格曾说过："你要得到你想要的某个东西，最好的办法是让你配得上它。"换句话说，就是能力配位，你的能力要能支撑你在平台上成活和成长。

职场人应对自己有清醒认知，要常问自己以下两个问题。

● 他人愿意与你交往的原因是什么？是与你本人魅力有关，还是仅仅是出于工作需要？

● 若你离开现在的平台和岗位，你还有哪些能力支撑你的人生规划、个人成长和生活？

对于大部分人而言，个人可以借助平台成长，要尊重平台、与平台共赢，更要有危机意识，不断加强自己的知识储备，在风险来临之际，平稳做好切换。

精 进 自 测 题

请自测如果你离开现有的平台，你能通过自己的努力确保自己和家人衣食无忧吗？

沟通力

——如何更有效地进行职场沟通？

你是否遇到这样的困扰：

不敢走进领导办公室，觉得请示工作总说不到点上；

不知道什么时间点、就什么问题向领导汇报工作，汇报时总抓不到重点；

在电梯中遇到领导或同事，觉得特别尴尬，不知道该不该开口、开口要说些什么；

不会拒绝同事的求助，工作节奏被打扰得乱七八糟；

与同事沟通时，总会出现人家不愿意理睬自己的情况，得不到帮忙和支持；

……

职场沟通力这一章，将从请示、汇报、提问、拒绝、控话、职言职语、不说"正确的废话"、不做"差不多先生"8个主题，一一探讨职场的沟通问题。

2.1 向领导请示工作经常出问题怎么办

如何正确有效请示工作

当你拿着连夜赶出来的报告向领导请示时，被领导骂得狗血喷头，你会蒙吗？当你为了一个提案在微信上向你的直属上司请示希望获得支持，对方一直不回应或直接问你到底想要说什么，你会如何反应？当你给领导打电话请示事情，对方听了几句就不耐烦了，觉得你在浪费他的时间，你会失望吗？

问题到底出在什么地方？是你做错了，还是你所请示的领导错了呢？

请示要有技巧，要讲究时机、讲究方法。我们将一将，在请示中存在哪些坑。

我们先要了解3个方面的信息：一是职场上有哪些请示方式，二是请示中有什么样的坑需要我们规避，三是每一种请示有哪些主要注意事项。搞定以上3个问题，请示得分率至少及格，不会出现本节开头出现的那种尴尬情况。

📊 职场上有哪些请示方式？

请示方式主要有4种。

- 书面请示。
- 通过微信、QQ、钉钉等即时沟通工具进行请示。
- 邮件请示。
- 当面请示。

这些主要的请示方式，在职场中有不同的应用场景，不同场景的请示技巧还是有所区别的。

书面请示，主要针对非常重要的内容、重大事项。例如，重大营销方案、人事变动，需要通过书面上报，请领导签字，通过内部OA（办公自动化）系统走请示汇报流程。书面请示类型有两种：一是下级机关向上级机关请求指示或批准的公文，这种公文要求内容简单、清晰，而不是系统性汇报，主要交代对象、事由、倾向性态度等信息；第二种是员工向上级请求指示，员工针对项目或工作提请决策，包括需要留痕的重要事项或其所在组织规定要求请示的内容。两种情况都比较常见。

通过微信等即时沟通工具请示是非常常见的请示方式，被越来越多职场人使用。在微信、钉钉上向上级发送请示，即时性强，不是特别重要的、涉及事务性的工作，以这种方式请示问题不大。但特别重要的事项，要通过邮件或当面请示等方式落实。

邮件请示是非常老式的请示方式。通过邮件往来基本能把问题解释清楚，弊端在于即时性不强，好处在于便于留痕。对于领导来说，这是感知度比较高的一种方式，领导可以集中处理邮件，而不是不停地看微信、钉钉、OA等即时沟通工具进行碎片化工作。

当面请示比较适用于重要、必须当面沟通的工作。当面可以递交材料，也可以做口头汇报。根据事情的重要程度、严肃程度确定请示的方式。

📈 请示中有什么样的坑需要我们规避？

了解了请示方式，下面我们将介绍请示中有哪些坑，以及如何进行规避。

书面请示存在3种坑：洋洋洒洒、头重脚轻和存在低级错误。

（1）　洋洋洒洒

有的员工喜欢把请示文件当成议论文、叙事文写，洋洋洒洒地写了很多文字。这个员工可能的确有能力，至少有写作的能力，但他没有抓到重点，缺乏对领导意图的理解，也就是我们经常说的向上管理能力。

（2）　头重脚轻

请示，顾名思义是请求指示。但我见过的很多请示中，内容都是头重脚轻，先用大量篇幅说问题、说现状、说困难非常多，最后提出1个不痛不痒的方案，请领导决策。

出现头重脚轻的问题在于没有掌握请示的核心，请示的核心不是问题，更不是困难，而是你针对问题、困难拿出的解决办法能否在工作中应用，重点一定要放在解决方案上。

(3)　存在低级错误

在请示中，必须杜绝幼稚的、不加思考的问题，也不能出现错别字、句子不顺、格式不对等低级错误。千万不要以为这点小问题，领导不会计较。领导看到这些小问题，内心的活动大抵是：这点低级错误都犯，我还能放心把重要事情交给他吗?

在书面报告、微信或钉钉文字信息中，要反复查看，有没有序号错误、错别字等低级错误。如果是我的下属出现3次类似的问题，在我内心的排序会直接将他排到边缘线，没有人愿意把重要的工作交给那些马马虎虎的人。

如何进行请示汇报?

这里介绍几种实战方法，供大家参考。

第一，弄清楚不同请示方式的差异，以及不同领导对请示方式的偏好，针对不同的事项可采用不同的方式。

- 简单的事，微信、钉钉、企业微信等App上请示即可。例如，你明天要拜访客户，请示下有什么特别要注意的。发邮件显得过于正式，当面汇报可能领导没有时间，这时在微信、钉钉、企业微信上请示就行了。
- 复杂的事，最好以文本形式呈现，可以打印出来和领导约时间进行沟通。

以上简单列举了不同请示方式的差异。此外不同的领导对请示方式也有偏好。有的领导喜欢面对面交流，对微信回应一直较慢。例如，我之前的一位领导，发邮件给他，他从来不看，什么事情都要当面说。当然，你不能说："我发给你了，你必须看。"你是下属，他是上级，适应他的习惯才能更好地沟通。

对于下级机构向上级机构请示的书面材料，内容更加复杂，文本要求更高，在此不再赘述。

第二，要善用WHD模型。

请示3要素：准备是否充分，表达是否得当，方案是否可操作。

有的新人，为了表现自己的积极性，到领导办公室或电话联系领导说："领导，事情是这样的，你看怎么办？"领导就你表达的内容可能会问1~2个问题。然后你说："领导，这个问题我没有考虑到。"领导说："那你回去再准备准备。"

这就是准备不充分的表现，准备不充分将消磨领导对你的印象和信任。

再举个例子。

小张准备组织一场线上运营活动，这次活动要花费5万多元。他找到部门领导说："领导，最近我们想做一次线上活动，预算约为5万元。你看行吗？"

领导一听，问道："干什么要花5万元，为什么要花5万元？"

请注意：这里问了两个问题。第一个问题是"干什么"，潜台词是你打算干什么，一定要做这个活动吗？这是说活动的背景和必要性，如果在之前没有与领导进行充分沟通，这活动能不能做得成，还真不好说；第二个问题是"为什么"，潜台词是这5万元花得值不值？

很明显，这是一次非常失败的请示。

请示也是有套路的，根据套路走基本上就没有问题了。请示使用WHD模型效率会更快！

W（Why）：列出背景，阐明为什么要做这事，为什么有此请示。

H（How）：提出方案，给出几个选项，而不是只给出问题。

D（Decision）：提请领导决策。

具体什么意思呢？接下来为大家一一说来。

W是指列出事情的重要性。例如，你要组织一次培训，请示领导时要先说这件事干不干，例如，可以对领导说发现操作过程中存在操作不够规范的情况，计划请优秀骨干给大家培训，提请大家参照这个标准，对流程进行规范化。领导会认为，这事确实蛮重要的，就这么定了，尽快启动。

H是指怎么办，最好列出谁去做这事，如何去评估，大约花多少钱；如果涉及供货方，要提到有没有比价，有没有跟公司的相关规定相结合。

D是指领导经过慎重思考，最终做出决策。

以上3个要素符合要求，请示顺顺当当通过的概率就大一些了。

第三，如果领导说你看着办？你该怎么办？

你列了不少方案，但领导说："你看着办。"你可能心想："我不知道如何办，才向您请示的，现在您让我看着办，那我该怎么办？"

事实上，领导让你看着办，有以下几种可能性。

● 对你的工作不是很满意，借这次请示，警示你，如果办不好，你要小心一点。针对这种情况，一般应对措辞："好的领导，我根据你的要求再优化一稿，等方案完成再请您费心看下。"

● 领导在考察你。让你看着办，就是想看你到底能做成什么样子。这时你不仅要把事情做好，还要做得漂亮，超出领导对你的期待。

● 领导也不知道怎么办，没有办法做出决策。遇到这种情况，要把方案再进行优化，得让领导明白才行。小事你做了决定没有问题，要是大事，特别是容易背黑锅的问题，还是小心谨慎为好，再进行请示。

● 领导有点不耐烦，可能是对你本人的情绪，也可能是他认为这事太小了，不需要请示。遇到这情况，下次请示一定要谨慎。

最后一种可能性是，他非常信任你，不用担心你会搞砸，让你自行决定。

不管哪一种可能性，做好区分是基本功，相信随着你与领导磨合得更好，一定能找到你所在的"安全区间"，避免踩坑。

说了这么多，请示的核心有几点：做好区分，找到应对点，做好充分准备，用好模型。做好这些，相信你在请示这件事上不会丢分。

做好区分

找到对应点

做好充分准备

用好模型

最后，提醒所有的职场人士，站在领导角度看问题和站在员工角度看问题，做出的决策完全不同。要想把事情做好一定要换个角度看问题，即所谓的换位思考。

精 进 自 测 题

日常你是如何请示工作的？请简单列出你请示汇报中存在的问题，并说明后续打算如何优化。

2.2 如何汇报，这学问太大了

不懂工作汇报，就没有办法混职场

工作离不开汇报这件事，但是老板为什么对有的汇报表示满意，对有的汇报却非常不满意呢？问题出在哪里？

不懂汇报，没有办法混职场。哪些事情要汇报？什么时间汇报？汇报的内容如何掌握？这些都是学问。

我的学员提出了几个职场上经常遇到的尖锐问题：

我干得那么好，为什么最后成绩算其他人的？

我感觉自己工作还行，为什么到老板那里却说不出来？最终老板觉得我干得不行？

我可不可以越级汇报？

向领导或老板汇报要不要太频繁？

……

事实上，这些学员讲出了不少职场人共同的困惑：领导不了解你，无法掌握你的工作动态或者你所在部门的动态，就很难会把机会给你。

会干工作，不懂汇报，输的可能性会更大。

有的员工没有提前与领导约时间直接到领导办公室汇报工作，领导"耐心"听完了，然后劈头盖脸将他骂了一通。汇报者觉得好冤枉："我这么积极汇报，被这么不公平对待，我招谁惹谁了？"

有的员工像老黄牛一样，工作中任劳任怨，成绩也突出，但是，在日常的工作汇报中，提炼不出自己的工作成果，也很少与领导沟通，最后领导对他评价不佳。这就是典型的吃了不会汇报的闷亏。

有人觉得，汇报工作是拍马屁，走形式主义，是在取悦领导、虚伪，我要做个志存高远的人，该是我的就是我的，不该是我的强求也强求不来。

这种心态，新人、老人都有，为什么会有这样的想法？一是酸葡萄心理，别人与领导靠近，得到领导赏识了，一定不是因为工作能力，更多是谄媚所得；二是对自己的工作定位不够清晰；三是根本就不知道汇报对个人晋升、个人成长有多大的帮助。

事实上，汇报是你的工作之一，只要有团队的地方，就有工作汇报。汇报不到位，在一定程度上等于你的工作做得不到位。

总体来说，汇报至少有两方面作用：一是能确保方向上与上级保持相对一致，避免走弯路；二是需求支持，汇报能在充分沟通的基础上争取上级的支持，你在汇报中提出的要求和问题，可以获得指导、资源和帮助。

永远记住一句话：绝大部分领导都愿意作为你的支持者，而不是敌对者。

汇报经常会出现哪些"坑"？

纠正了汇报的心态问题，我们还要了解下，在实际工作中，我们经常遇到哪些汇报坑，以下4种比较常见。

（1） 报喜不报忧

汇报这事，要讲究相对客观，抓主要内容。有的员工担心提出问题会被上级批评，于是选择报喜不报忧，这是中国人的普遍心态。例如，孩子在外，孩子对家人，家人对孩子都是这样的心态。但是在工作中，汇报本就是一种下对上的、消除猜忌、信息不对等、误会的最佳沟通方式之一。对于上级来说，除了想知道你的喜讯，还需要知道出了什么问题，还有哪些目标无法完成，他需要就此做出判断。如果在汇报中一味隐瞒或"化大为小"，领导就会觉得你有小动作，后续很可能不会相信你。

（2） 只谈问题不说解决方案

在做事情过程中，总会遇到自己无法解决或考虑不周全的问题。遇到问题不可怕，要直面问题，与领导讨论，获得相对明确的解决方案。这时有的员工就会说："领导，情况就是这么个情况，问题比较严重，您看怎么办？"领导这时估计也在嘀咕："我请你来，不是让你给我抛问题的，而是请你出干货的。"只提问题不出方案是不可取的，记住领导永远要做选择题，既要有问题又得有方案（即便不成熟也没有关系），不要出判断题，更不要出问答题。

（3） 把汇报当成献媚

职场上"酒香也怕巷子深"，汇报可以解决问题，让上级更多地了解你，明确工作方向，得到领导的支持，为以后自己获得重点培养埋下伏笔，这是正确的汇报价值观。此外，还有一点非常重要，汇报是听取建议、修正自己工作方式和方法的一个重要途径，通过汇报可以听取领导或有经验的同事的意见，以便及时纠正工作中的不当之处。汇报是你的工作，通过汇报推进你的工作，该汇报时不要回避，不需要汇报不要着急往上凑，这是基本的原则。

（4）　汇报方法不当

不懂汇报的人，干了80分的活，结果只展示了30分，甚至更低，晋升中能有他的份？有人说："我是新人，我不懂这位领导的风格。"固然，与领导之间会有一个磨合的过程。但总体来说，汇报是有方法的，选择时机不当、汇报的方法不当都会影响汇报的成效。很多人缺的不是机会，而是汇报的能力。方法不当的表现包括：迟迟没有说到点上，这是表述的不当；没有观察到领导的态度，着急汇报缺乏停顿，这是应变的不当；对事情的分析不到位，存在明显的逻辑错误，这是分析的不当……

怎么才能解决汇报的问题呢？我们简单聊聊实操办法。

（1）　要有事前、事中和事后3个关键阶段汇报的意识，并坚决执行下去

了解上级的意图、思路和方向，太重要了。要做好沟通，保证双方的目标是一致的；保证资源投入、工作方向、财务预算、时间计划等方面，你的领导是认可的。别等到进展一半，领导说："你咋搞的？"再回炉重来就特别麻烦，费时费力费钱不说，在领导眼中，你还可能化身为一个不靠谱的代表。俗话说"磨刀不误砍柴工"，事前必须沟通。

大家要了解上级（领导、老板）的心理状态：

● 没有信息来源，他心里会比较慌，不知你的工作进展到什么程度；

● 对于领导而言，有时着急的不是工作本身，而是工作布置下去了，却一点回应都没有；

● 只懂得埋头干活的员工即便有不错的工作能力，但是这样的员工有很多

不确定性，他担心闷头干活的人做出来的不是他要的东西，更担心不汇报的员工工作出现纰漏，最终还得他背锅。

在事中要进行汇报，比如出现其他部门不配合，严重影响项目进度，经多次协调仍然无果的情况，需上级介入，这是需要汇报的；出现方案分歧，需要领导给予一些帮助和确认；在事中出现了意外情况，比如资源不足、不可抗力、政策变化等，进而导致出现效果降低、项目延期等情况，也要及时同步信息给领导，让他能心中有数。别等到最后再说，事情可能已经无法挽回了。

事后的汇报是复盘，更是个人业绩说明会，这太重要了。事后汇报总结出的经验一旦被推广、被传播、被认可，对下一步个人在小范围甚至公司的地位影响是比较大的。当然事后汇报也不能只报喜不报忧，适当提及存在的问题、下一步改正的方向，也能促进工作质量的提升，毕竟谁也不是完美的，螺旋式上升才是比较具有正能量的成长路线。

（2）抓住"重点、结论、原因、解答"4组关键词，提高汇报质量

重点是指，我们要充分认清一个事实：领导的时间非常宝贵（至少领导本人是这样觉得的）。在领导分身乏术的情况下，一定要直奔主题，用观点吸引他，用有逻辑的语言描述你想要说的事。你可以把场景设置到电梯中，你仅有1分钟的汇报时间，要让他愿意听下去，就必须直说重点，在有限时间内把吸引人的观点或问题给表述出来，这样才能争取到机会。要是汇报时总说不到点上，领导会觉得你在浪费他的时间。

结论是指，无论是PPT展示，还是口头汇报，对具体工作一般要先说你的结论。微软做的一项调查显示，现代人的注意力通常只能维持8秒。暂不论8秒是否准确，这个调查结果至少说明人的注意力相当短暂。把结论说出来，然后再根据汇报需要展开论述，才是优秀的汇报方案。

原因是指，要做好解释原因的准备，每个结论要有对应的论证资料，不能是无源之水、无本之木，哪些是公司制度要求的，哪些是上级机构要求的，哪些是

你调研出来的,均要列清楚。有了论据,你的结论才能站得住脚。

解答是指,在准备阶段就要把有可能被问到的问题准备好解决方案,而不是现场查询,或者干脆一问三不知。对领导的提问要提前预设,这有一个磨合的过程,更是你的业务能力、向上管理能力逐步提升的过程。

(3) **建立汇报模型,并持续优化,将汇报话术优化为自身软实力**

事前汇报一般是三句话。

- 关于××工作,我们的想法是×××,还不太成熟,想听听您的要求和建议。(启动沟通,提出方案,征求意见)

- 领导,您的要求是什么?(确认领导的方向和意图)

- 领导,在过程中有什么问题,我会及时向您汇报。(为工作中出现问题或需要征求意见埋下伏笔)

事中汇报一般也是三句话。

- 领导,关于××工作,目前我需要×××,您看是否可以帮助协调或安排?

- 关于××工作,出现了一些意外情况,具体是×××,我的建议解决方案是方案A、方案B,您看是否可以?(提出解决方案,一般情况下,领导会问你倾向哪一个,千万别说让领导定,这时要说出各个方案的优劣,自己比较倾向哪个方案,倾向的理由是什么)

- 关于这个事情,我有一些新的想法,想耽误您一会,向您做个汇报。我的想法是×××,您看怎么样?(在工作进程中有新的建议和想法,及时与领导沟通)

事后汇报的话术模板如下。

- **完成:** 目前这项目已如期完成,业绩情况是×××,但是推进过程中,仍有几个问题(分别列出),我们下次改进。领导,您也给我们点评下。

● **未完成：** 这个项目的目标的是××，完成了××，还有××未完成，没有完成的原因是××，我们后续打算×××，您看行不行？

以上模板可以灵活选用。

心理学表明，一个人对某个人的事情越熟悉，就会越支持他，越不熟悉的事情，决策的时间成本越高，毕竟他自己无法确定自己的决策会带来什么后果。不管在工作中发生什么情况，汇报都是不可缺失的。实践中，要想做好工作汇报，必须从清单化管理抓起。规划做得再好，没有清单级执行管理也无济于事。所以，大家务必要针对自己的工作进行清单级管理，把何时汇报、如何汇报列出来，选择最优应对措施，反复实践，最终找到适合自己的沟通方式。

精 进 自 测 题

　　如果你遇到汇报被批评的情形，你该如何优化你的汇报内容、汇报时间等呢？

2.3 "你对公司的感觉如何？""挺好的。"

有效提问，让你的每个问题都有价值和效果

有人会说：提问谁不会啊？我们每天都在提问。但真的是加了问号就叫提问吗？我们来看看下面这些场景。

问：你最近感觉怎么样？

答：……（心里在想："他到底想问什么？"）

问："你为什么总是迟到？"

答：……（心里在想："他是在责备我吗？我该如何回答呢？"）

……

有效的提问是交往的良好开端，是一门学问。有效的提问，可以让你的每一个问题都有价值和效果。

在我们的日常工作中，提问和被提问是常见的沟通行为，但是也会经常遇见不知道如何回答的问题。例如，领导问你："工作做得怎么样？"估计此刻你可能有点疑惑，不知道领导到底要问什么，是问最近发生了什么事，还是问项目进展、项目成本或者全部？面对这样的提问，有人猜测着回答，有人用鸵鸟战术选择沉默，或者把可能被问的事情全部说出来，最终发现自己的回答与领导提问的原意不符。问题出在哪里？

提问的本质是引发对方思考，得到你想要的答案，促进双方沟通。但是提问的技巧运用不当，会导致无效提问的产生。

职场提问有哪些坑

在职场提问中，有哪些坑呢？或者说，哪些提问会影响沟通呢？

具体来说，无效提问有以下4个特征。

（1）　问不到点子上

这种提问比较泛，或者你的心里有想法、有指向，希望对方也按你的指向来回答，但是你没有表达清楚。毕竟对方不是你肚子里的蛔虫，如何能得知你有什么想法呢？

例如："你工作做得怎么样？"

这是典型的问不到点子上的问题，对方根本不知道你想要表达什么。毕竟工作中总存在好的地方和不足之处，这种泛泛的问题根本无法准确得到想要的

答案。

如果把提问修改为"上周启动的××项目，进展到哪一步了？"

这样对方的回答就会更有针对性。

（2）　让对方产生逆反情绪

你的下属最近迟到好几次，你想从关心的角度了解下员工，但如果提问不当，可能会让对方误会。

提问举例："你为什么总是迟到？"

这句话看似在提问，其实上级在心里已给下属打了标签——你就是一个经常迟到的人。这样的提问方式，"责备"的意味要远远大于"问"的意思。这样一来，让对方产生了逆反情绪，对方也很难会把真实情况告诉你。这样的提问也就成了无效的。

如果把提问的方式修改为"你这个月已经迟到3次了，能跟我说说迟到的原因吗？"这样的提问是否更好一点？

（3）　总是反问，让人生厌

反问是情绪的毒药。例如，你问："你到底有没有考虑别人的感受？""你觉得这样做对吗？""我不是告诉过你吗？你不记得吗？""你为什么要这样做呢？"

这样的反问，传达了你的情绪，你把别人强行拉到自己的判断体系中。这种情绪的压迫会让人觉得很不舒服。一旦别人感受到被攻击或预计自己被攻击，沟通的目的就很难达成了。

（4）　经常设问

在日常生活中，设问"坑"比较多。网上有个段子，女朋友问："假如我和你妈一起掉水里，你要先救谁？"这个问题是男人的"求生题"，很难回答，因为假设的问题不存在，所有回答都是伪答案。

又如有领导问："如果我和李总两个人做了不同的决策，你觉得你该听谁的？"

再如："假如当时不是这样做的，你觉得我们会这样吗？"

过去不可追，假设不可有。基本上，经过这番折腾，对方也不再愿意与你沟通了。毕竟这样的问题，带有很强的暗示性和指向性，对方即便附和你，内心的真实想法如何，不得而知。

以上是常见的无效提问的4个特征，囊括了大部分提问。

为何存在无效提问呢？

我们要知道，提问技巧对沟通影响很大，如何通过提问获得有效的信息，是一门学问。优质提问具有强大的力量，甚至能改变自己和周围人的人生。正是提问的差距，将优秀之人和平庸之人区分开来。

优秀的提问都有目的，能尊重对方的情绪。好的问题不仅能帮助自己获得信息，而且能帮助被提问者梳理思路，拨开迷雾，指引方向。

举个例子。

问："你为什么要离职？我们有什么地方对不住你吗？"

答："没有什么原因，就是不想干了，公司也没有什么对不起我。"

对方表面回答与公司无关，实际心理活动一般是："都这样了，还有什么对不住对得住的？你们自己心里不清楚吗？"

这样的提问无法帮助HR或公司获取想要的信息。

我们不妨换个问法试一试。

问："离职一定有自己的原因，那么你能否告诉我，我们公司与你想象中还有哪些差距呢？"

答："是这样的，我给公司提了几个建议，都没有收到任何回复。我觉得公司并不重视员工的意见，在这里我无法实现自我价值。"

继续问："噢，还有这种事，那你能与我说说，你都有哪些建议吗？"

答："是这样的，我在工作中发现一个可以节约成本的方法，只是前期可能需要一点投入……"

继续深聊下去，你发现这个员工是个人才，最终他没有离职，还成为一个项目的主要负责人。所以，提问的力量就在于问到点子上，让他愿意说出自己的想法。

这样不仅让你获得想要的信息，而且缓解了对方情绪，更帮助对方梳理了思路，最终取得显著的成效。

如何练就提问的技巧

谈了职场提问的坑以及无效提问的特征，那么，为了获取信息，帮助对方梳理思路，我们应该如何练就提问的技巧？这是员工和管理者必备的一项重要技能。做到以下5点，基本能及格。

(1) 我的提问说到点子上了吗？

一个项目的进度受阻，要了解项目出问题的根源是什么，但是上级问下级："你这个项目进展得怎么样了？"很明显，这是没有提问到点子上。

建议将提问修改为："这个项目卡在哪方面？人的问题，资金问题或者其他？"

得到答复后，领导继续问："你们对这个问题的预判是什么？打算如何解决？"

这样的提问方式切中要点，而不是泛泛地说大家一起聊聊这个项目。这就是提问技巧的第一个方面：指向性要特别清晰。

再举一个例子。

会议上你要申报一个项目，财务部负责人问："与其他相关项目相比，你这个项目的长处和短板是什么？这个项目投产后大约需要多长时间收回成本？"人力资源部负责人问："这个项目要投入多少人力？你们的人员缺口有多大？"

这些都是有明确指向性的提问，节约了大家的时间，也可以快速了解自己想要的信息。

（2）　我是否尊重对方？

反问坑、假设坑都是不太尊重对方的提问，非常容易引发对方的情绪反弹。

举个例子。

问："关于这个问题，听说你是这方面的专家，我写了一个初稿，能给我一些指点吗？"

这样提问一般情况下对方不会拒绝，但是有个小小的建议，就是不要让自己显得过于"小白"，在请教高手的同时，自己得有点想法，不能全是人家输出，从你这里得不到任何反馈。所以，最好在提问前做好功课，或者先拿出自己的方案。

再举个例子。

问："你是专家，这个问题难道不懂吗？"

答："我真的不懂。（不想理你这种人）"

（3）　我是否有效控制了问题范围？

问题的精准性非常重要，但是很多提问经常泛泛而谈，缺乏精准性。

举个例子。

问："××，你来公司两个月了，对公司有什么感觉？"

这个泛泛的提问，被提问者很难回答，不是这个问题有多难，而是范围太大，新员工不知道如何回答，最多也就给出一个"我觉得我们公司挺好"的答案，让你得不到想要的反馈。这就是一个失败的提问。

再举个例子。

问："大家对我们组织的新员工培训有什么建议？"

答："培训较为及时，内容适合我们。"

总体来说，这个问题相对具体多了。

所以，提问时最好要缩小范围，问题不要太大、太空泛，这样才有可能得到你想要的信息。

（4） 我的提问涉及隐私吗？

很多人是聊天终结者，因为他会提出一些别人不想回答的问题，要么这问题涉及隐私，要么是比较负面的问题。

举个例子。

问："你怎么还是这么胖？"

答："……"

问："你最近减肥的成效不太明显吗？"

答："……"

问："听说你与你们领导吵架了，能说说原因吗？"

答："……"

问："你怎么离婚了？"

答："……"

负面、隐私的信息能不问就不要问。

（5） 我的提问对对方和团队有价值吗？

事实上，如果你们讨论的内容是有价值的，提问者和被提问者会对此有强烈的代入感。换句话说，提问的人在提问前最好对所涉及的内容赋予价值感或使命感。

举个例子："接下来，我们讨论的问题对我们的帮助很大，对公司的成长也有帮助。如果×××，大家觉得怎么样？说说自己的想法。"

再举个例子："针对这个创新项目请讲讲你的观点。"

关于提问的一些学问基本上谈得差不多了。提问是比较好的沟通方式，一个好的提问一定是稀缺的生产力，是需要锻炼的。在提问前，建议做一下换位思考；在将方案提交给领导前，用"自我提问"的方式对方案进行完善，即站在领导的角度，揣摩领导可能会提出的问题。

糟糕的提问有"喜欢我的方案吗？"没有人知道。这种没有实质内容的提问，有什么意义呢？又或是"你这个方案不行，拿回去修改"。这些都是比较糟糕的沟通方式。建议改成这样："你说一下这个方案的优缺点吧，论证的几个方面都经得推敲考验吗？这个方案有成功先例吗？效果评估方面有没有进行精准考量？你考量的依据是什么？"这些都是较为精准且有指向性的提问。同时，多注意观察对方的反应，及时调整自己的提问方式。

学习了本节内容后，要不断练习，相信有效提问会让你更善于沟通。

 **精 进 自 测 题**

读了本节内容，你该如何进行有效沟通？

2.4 想要提建议，却不懂如何去提

给领导提建议，一定要懂得"职言职语"

在职场上经常遇到要给领导提建议的情况，为什么有的建议能被接受，有的建议让人无法接受？如何给身边的人提意见？如何给领导提建议？要处理好这两个问题，我们就要学会职场的"职言职语"。

第一个例子，有一位新人，勤恳学习，表现积极。在一次会议上，领导说：

"关于流程问题，你们这些新同事提提建议啊！"这位新人一看表现的机会到了，便慷慨激昂地把自己准备的建议都说了出来，认为之前的流程漏洞较多。话音一落，现场有一位同事的脸色不太好，因为他恰是这个流程的设计者。这个流程使用了近10年，一直未见有什么问题，一个新人竟然随意指摘。于是，这位同事未能控制情绪，当场发飙了，会议不欢而散。新人认为，自己只是说了应该说的而已，犯不着这样发脾气吧？这位同事为什么不许别人提建议呢？

第二个例子，会议结束前，领导说："请大家畅所欲言，你们有什么建议随便提。"领导说得诚恳无比，下属开始"放松警惕"。小李说："我觉得我们部门形式主义、官僚主义比较严重，应该减少会议频次，提高会议效率，少布置点材料，多干点实事。"小王说："我们公司的××管理流程有点问题，为什么不优化呢？相关部门和人员应予以处理。"现场气氛热烈，员工争抢着提建议，领导则一脸捉摸不透的表情。

第三个例子，会议总结，主持人严肃要求所有与会人员要深入开展批评和自我批评。领导率先示范，赢得主持人的高度认可，气氛被调动起来。于是，有人开始批评领导，说该领导工作不会抓大放小，做事不够细致，对员工不够体贴等。后来，领导总是有意无意地想到下属的批评，他倒不是个小气的人，也没有打算给员工"穿小鞋"，但是心里总有点不舒服。为什么呢？

对于领导而言，关于被提建议，有一些心照不宣的秘密：在公开的场合，会表达欢迎下属提建议的态度，但是不表示对下属提的建议都会采纳，会心无芥蒂。下属可以提建议，领导也会微笑着聆听，但是这并不代表领导真的爱听。

职场人提建议容易犯的错误

"职场如戏，全靠演技。"你真要把领导的点头笑笑当成接纳意见的话，意味着你的情商不在线。不少职场人在提建议这一事上可能犯以下几个错误。

￥（1）　提建议容易陷入对人不对事的心理状态

对事和对人之间的分寸如何把握，比较难。即便抱着对事不对人的想法，最终经常出现人怼人的情况。提建议者作为主攻方，除非智商和情商超强，能把人和事完全分离，否则一般情况下，建议涉及者作为被攻击方，很容易将事与人对应起来。在他们看来，说事就是说人。为什么很多人在提建议的时候，会让对方觉得特别反感? 并不是因为你提的建议水平不高，而是建议涉及者认为你在否定他，所以他会极力进行辩解。

人在感觉被伤害、被否定时会启动自我防御机制，如刺猬一样保护自己。即使在现场克制住自己的情绪，事后想一想也会觉得面子上非常不好看。诚然人和事情密不可分，但是在提建议的时候，尽量避免直接指向人。

特别是对自尊心较高的领导，你的建议一般会被其延伸为对他本人的不满意、不服从和不认可。这就是要谨慎提建议的主要原因。

￥（2）　越权、越脑、越位提建议等于打他人脸

绕过直接领导提建议，这是越权;有的建议看似从全局看问题，但是你代替了领导思考，这是越脑;你有你的工作岗位，大家各司其职，越过自己的岗位，对别人负责的工作提建议，这是越位。

对领导而言，你的越权、越脑、越位很可能被看作对他本人的挑战。所以，即便职场上鼓励畅所欲言，鼓励大家从全局看问题，但是，仍不建议越权、越脑、越位提建议。一是因为在你自己的工作并非完美的情况下，对他人指摘，本身就是欠考虑的行为;二是因为在你对别人的岗位不了解的情况下，提的建议可能过于片面;三是因为你对领导管理的工作提建议，相当于对领导指手画脚。

📊 如何有技巧地给领导提意见和建议

当然，有些情况下我们必须得给领导提建议:一是涉及你的工作优化，得征

询领导的意见；二是你提出确实对公司有利无弊的方案，经过反复评估可以实施；三是针对明显错误的问题。提意见是一种担当，但更需技巧。如何有效给领导提意见，让他能接受呢？这里有4点建议。

（1） 换位思考提意见

提建议时，要站在对方的角度，理解对方做事情的难处，适当赞美对方的付出，并对建议达成的目标形成共识。例如，你要给领导提建议，那么你的目标应该和领导的目标是一样的，你们都是想让团队更好地发展。基于此，即使你提的建议不太合适，也不至于惹人反感。

（2） 做好规划和准备工作

提建议不仅是为了表达你的想法，更是希望对组织有所帮助。那么，提建议之前，一定要做好调研、分析和整理，不能随随便便地提建议，应该有一整套论据支撑你的建议。这些论据包括但不限于以下内容：原来方案的进展情况，方案可能存在的问题，会带来什么危害，如何规避这些危害，如何对方案进行改进……

（3） 逻辑性强且要避免片面化

逻辑性是提建议时的关键点。试想如果我们给领导的建议缺乏逻辑，即便内容再正确，也会给人不专业的感觉。连你自己都没有考虑清楚，如何让领导信服、批准？

此外，内容片面也不太容易说服别人。管理者能走到那个层面，大局意识会强于大部分普通员工。你就围绕你的岗位提建议，对于大局没有帮助，这样的建议也难以被采纳。

（4） 对事不对人，表述要客观，且要注意方式、方法

中国的职场传统在于，人和事始终关联在一起，因为事是人做的，出了错，肯定是人有问题，这是一种惯性思维。即便你努力表示"对事不对人"，在对方

看来，你仍然是在针对人。这局虽难也要破解，有两个建议供尝试：一是多描述客观事实，少妄论主观动机，少对事情本身进行评价，这类评价包括这件事违反×××，这样的决策一定是错误的，这给组织带来很大的损失，诸如此类盖棺论定的话大可不必说；二是多用第三人称描述；三是避免直接切入话题，缓缓进入效果可能比较好。例如，领导前几年制定的政策，现在已有一点不大适用，可以这样提建议："领导，最近我们遇到这样一件事，心里把握不准，想请您把把关。（继续描述情况）这项政策在当时起到了非常重要的作用，对公司帮助很大，要是没有这项政策，或许很多事情不太好开展（这一段评价肯定之前的情况）。环境在变化，我们是否要对政策进行一些微调，才能让您制定的政策发挥更大的作用？"

真正的智慧不是逃避，也不是"明知山有虎，偏向虎山行"，而是能规避潜在的风险，最终达到你的目标。躲开提建议的误区，懂得"看破不说破"的内涵，对不同的人说不同的话。提建议选择的时机不同，结果可能完全不同。这就是人与人之间沟通的智慧。

精 进 自 测 题

　　你给领导提过建议吗？当时和事后他/她的反应是什么样？读了本节内容后，你会如何优化你提意见的方式呢？

身边的人值不值得信任？是不是什么话都可以说

职场新人的控话技巧，做个有进有退的职场人

2.5

电视剧《欢乐颂》中有这样的场景：邱莹莹一怒之下把"渣男"前男友白主管报账多开发票的"猫腻"捅了出去，致使白主管名誉扫地，被公司开除。

你有没有想过，白主管报账多开发票的事，是如何被邱莹莹得知的？

事实上，这样的事在我们的职场中经常发生，只不过老员工或多或少知道点职场规则，而初入职场的新人，对此却一无所知。在这一节中，我们聊聊职场上，即便是再好的朋友，哪些话不能讲，如何做一个有进有退的职场人。

职场新人为什么要学会止语

先看一个例子。

唐晓玲和部门领导王总是邻居，她对王总的情况比较了解，也经常搭王总的车顺便回家。这被同事A看到了，就觉得她与王总关系好，想套套近乎，了解下王总的情况，投其所好。

唐晓玲最终没有经得住同事A的软磨硬泡，把王总家里的一些情况透露给同事A。同事A拿这些信息后，开始接触王总。王总一开始没有感觉到有什么不对劲，但是出于职业敏感度，还是感觉这样针对性强的投其所好，一定是自己的信息被泄露了。悄悄追查得知是唐晓玲的问题，考虑到邻里情面关系，且自己也未受到什么损失，他未声张，但开始远离唐晓玲。从此，唐晓玲在职场也不再受到重视。

类似的例子还有很多。

在某个场合，你得知你的同事或闺密把你与他/她说的家里的事说给其他人听了，你会怎么想？你以后还敢什么话都跟他/她倾诉吗？

你公司的老板有意调整中层人事，老板在小圈子会议上提及此事，并要求大家保密。你觉得这事反正是要公布的，在一次喝酒后告诉了与你关系好的同事，说完郑重地叮嘱他一定要保密，结果第二天这事就传出去了，你的老板非常生气，要求追查消息源头。一旦老板知道是你将消息传出去的，他还会信任你吗？

想要做个成熟的职场人，就要学会止语。

越是被社会"毒打"过的人，越明白一个道理：没有永久的朋友，只有永久的利益。这是职场人交往的底层逻辑。

基于这个底层逻辑，我们要明白，职场上说什么，做什么，都要经过慎重思考，对自己有利对他人不利的话尽量不说，对自己有利对他人也有利的话要常说，对自己不利对他人不利的话不能说，对有自己不利对他人有利的话不说。除了正常工作沟通和彼此客套，大部分话在职场上都不能说，毕竟世界上没有不透风的墙。

（1）　如果你要抱怨领导、抱怨公司，咽回去

抱怨是这个世界上最容易的事，可以推卸自己的责任，想借此证明自己还行，这是属于弱者的自我安慰和暗示。

例如，在某次评选中，没有得到优秀。那么，抱怨者可能会说：这规则有问题、领导有问题等，总之不是自己的问题。针对这类问题，一般情况下，我的建议是两句话：职场没有绝对公平；规则是公开的，你自己没有争取是你的事。

职场中很多人喜欢抱怨，对规则抱怨，对公司抱怨，对领导抱怨，但抱怨之后解决问题了吗？又有谁能保证，听到你抱怨的人不会将你抱怨的内容传播出去？

喜欢抱怨的人，往往不喜欢听别人抱怨，除非别人抱怨的是你们共同的领导；还有一些员工，在被领导批评后，会找他人说自己被领导批评了，内心是如何委屈、如何生气。你放心，不出一周，你抱怨的消息就会传递到领导那里。当

此类情况发生多次后，你离离职就不远了。毕竟没有哪个领导愿意留这样的人在自己手下干活。

（2）　涉及机密的事，咽回去

说一件发生在我身边的事。有一家和我相熟的公司宣布把某个员工开除，原因是该员工把公司的一个文件上传到QQ群，这群里有代理商。该员工的本意是告诉代理商公司将组织一个促销活动。问题是，这个活动的细则尚未正式发布，提前泄密给这家公司带来不少损失。

这样没有保密意识的员工，任何一家公司都不愿意用，这就是一个定时炸弹。不出问题罢了，一出问题就是事故。

在职场中，核心岗位一般都要签署保密协议，规定岗位中需保密的东西不能外传，这是底线，如纪委关于举报的内容、人力资源部工资信息、核心领导的联系方式、合同等商业机密。此外，领导私下与你说的公司的一些安排，在没有正式文件下发前，也千万不要说。

（3）　八卦问题，咽回去

八卦往往最能让人兴奋起来。但是，请问了解那么多的八卦，能学到什么东西？这些博眼球的信息在平庸的人眼里散发光芒，在优秀的人眼里就是一些垃圾文字。你如果注意观察就会发现，在公司内部传播八卦的人很少是优秀的。

管理者大多讨厌一群员工在工位上窃窃私语，反感有人传播八卦消息。一旦被领导知道八卦是你传播的，无形中你会被贴上"不靠谱"的标签，这并非好现象。在职场，八卦的问题不仅不能问，更不要传播，不仅是为了保护你自己，还因为工作时间非常宝贵，需要用在刀刃上。

（4）　私密信息，咽回去

打听私人关系在一定程度上会影响工作关系。私密信息有点类似八卦，但又过于隐私，同事之间，若非关系特别好，千万不要主动问别人家里房产、车子、家里人做什么工作以及什么时间生孩子等问题。

大部分职场人并不愿意与别人分享这方面的内容，这是因为绝大多数人只是工作关系，私下根本没有交情，自然不喜欢"陌生人"打听自己的隐私。

（5）　薪水问题，咽回去

记住薪水问题不宜在公开场合说，也不要在微信等软件中发布截图。每个公司的薪水邮件或薪水单上都有类似的话：薪水属于商业机密，不得讨论、不得外泄。为什么要这么做？没有老板喜欢热衷相互打听薪水的下属。薪水有差异，也是老板管控下属的一种手段。不管你们关系多么亲近，不管出于什么理由，都不要与其他同事讨论薪水问题，这是职场大忌。

（6）　工作中的漏洞或猫腻不能说

同事间能否成为朋友，仁者见仁，智者见智。不过，把同事当成朋友，毫无保留地把工作中存在的猫腻、潜规则等告诉他，以为这是坦诚的表现。

可随着时间的推移，朋友可能成为竞争对手，闺密可能反目，恋人可能分手。那么，你之前毫无保留说出的话将成为你的"罪证"。

职场上，有人说话不经大脑，不注意场合，导致得罪人还不自知。说者无意，听者有意。在心理学上，这叫作"瀑布心理效应"，指信息发出者的心理比较平静，但传出的信息引起了听者不平静的心理，从而导致听者态度行为发生变化等。

任何组织都不会喜欢"大嘴巴"的人。这对新员工、老员工都适用。如前文所言，对自己有利、对别人有损的话尽量不说，对自己有损、对别人有损的话不能说，对自己有损、对别人有利的话不说。如果你能做到，你在职场中就会拥有较为和谐的人际关系。

本节所列的需止语的问题，在你的职业生涯中出现过吗？

2.6 你同事找到你帮忙，你不想帮忙，又不知应该如何拒绝

软硬有度，拒绝别人你要知道这些方法

经常遇到这样的事：在职场上被同事要求做一件事，而你觉得这事不是你分内的工作，抑或你不情愿被要求做事，但又不知道该如何拒绝，怎么办？

在介绍具体方法前，我们先来看一个例子。

陈婷婷最近遇到一件烦心事。

在一次中心主任竞聘前，一位同事找到陈婷婷，希望陈婷婷能帮她投一票。陈婷婷有点不愿意：第一，与这个人也就是饭桌上谈谈话的交情，谈不上深入；第二，她有自己心仪的人选，虽然自己这一票未必能起到什么作用，但是陈婷婷还是希望能公平一点。她烦心的是心里不愿意给这位同事投票，但不知道如何拒绝。

暂不谈要票人员的情况，先说说陈婷婷面对的两个选择。选项A：碍于情面勉勉强强投给不想投的人，如果最后心仪的候选人仅一票之差败给这位同事，陈

婷婷心里可能还会留下一个结。选项B：鼓足勇气，勇敢地说"不"。

选项A比较"软"，选项B比较"硬"。实际上，陈婷婷遇到的问题是对职场人际关系的"软"和"硬"缺乏正确的认知，搞清楚"软"与"硬"之间怎么把握，问题就会迎刃而解。

人际关系要有"硬"，也要有"软"。

对什么样的人该做什么样的事，一直是人际关系的核心关注点。

事实证明，高情商人士经常会行使说"不"的权利，他们更加关注自己的幸福感，关注人与人之间相处的价值，关注人际关系带来的个体提升，关注时间在人际关系上的有效性。所以，学会拒绝不必要的社交邀请，这是"硬"；避免毫无意义的闲聊，这是"硬"；拒绝完全没必要参加的会议，这是"硬"。"硬"有"硬"的必要，如果心不"硬"，接踵而来的就是时间被浪费，心情变糟糕，甚至会因一时软弱、担心失去面子而让自己陷入麻烦中。该"硬"不"硬"，得不偿失。

人际关系也需要"软"。

"软"，是留给生命中极少数重要的人的温情，必要的心软是快乐的前提。给真正的朋友留点谈心的时间，给家人留点陪伴的时间，陪令人敬佩的长辈说说话，参加一次友谊辩论赛，与兴趣小组一起参加培训……这样的"软"值得付出。

但是，也有一些不值得提倡的"软"：面对你不喜欢的事为了面子未拒绝；被邀请参加一场你不想去的宴会；被人用朋友之情裹挟答应做不恰当的事；手头有重要工作未完成却经不住闺密的一再请求而陪她逛了一天街，回家后特别后悔……那些自己明明不想做，却又因担心影响人际关系而去迎合的无奈之举，都是不值得的"软"。

如何平衡"软"和"硬"？这里有4点建议。

（1） 建立场景库，建立"软"和"硬"的个体标准

关于"软"和"硬"的个体标准，仁者见仁，智者见智。在生活中，我们要结合自己的实际情况建立场景库，原则就是你对待生命、对待时间的价值观，试问自己什么更值得你付出？

如果一位相处得不错的同事邀请你参加宴会，但是你手边还有紧急的工作要做。参加宴会的好处是能够帮你积累人脉，坏处是手边的紧急工作可能完不成。

你选择去还是不去？

你有一位"唠叨狂"的同事，他有事没事就找你谈话吹牛，交流内容毫无营养，还有负面的信息，已严重影响你的工作，你是拒绝还是忍受这样被骚扰的状态？

你需要参加一个重要会议，但这时你的孩子告诉你他有点儿不太舒服，你是选择继续参加会议，还是用其他方法解决会议问题，立马带孩子去医院？

……

诸如此类的场景，建起来，再完善。场景库，实则是人际关系的底线库。

（2） 有时"硬"，学会对身边的人说不

只要讲究方法，拒绝别人未必会影响人际关系。退一步来说，你拒绝了他，他不再与你来往，这样的朋友不交往也不是你的损失。

试想这样一个场景：你今天感冒了，吃了感冒药，晚上参加朋友聚会，你说明了自己感冒的情况，表明自己不能喝酒。如果大家表示理解还好，如果有人起哄，说酒能治感冒，不喝酒不是朋友，你会拒绝吗？当然要拒绝。2019年年底，某公司年会后，一个90后的小伙子被邀请参加KTV聚会。他表示自己吃了头孢，身边一群人说："没有事，不喝酒来KTV干吗？"他架不住大家的热情，喝酒了，当天晚上人便去世了。这个小伙子是独生子女，结婚不到一个月。吃头孢不能喝酒，这是基本常识。只因不懂拒绝就送掉了性命，实在可惜大好年华。

（3）　适当"软"，精选朋友，形成一个共同成长的圈子

职场圈子的建立需慎重。能共同成长的圈子的主要特征如下。

● 目的性明确，大家加入圈子是为了学习和成长，能做一些资源互换。

● 没有直接利益冲突。

● 圈子里人才济济。

针对同处这种圈子的朋友，可以适当"软"一些，维持好关系，能给未来的工作和生活带来更多益处。

（4）　善于表达观点

若你对自己的工作观点模糊，态度不明朗，做会议发言因为怕得罪人而模棱两可，这样通常得不到他人的认可。针对此类问题，建议练习表达自我，明确哪些事是能说的，哪些事是不能说的。

职场人的"软"和"硬"，能体现你的能力、价值观、处世态度、性格特点。"硬"是原则，更是你的规矩，它能帮助你避免不必要的纠纷，可以让你节约时间做更多真正想做的事，遇见更有价值的人。因为有规矩，才能更加"软"，更加具有个人意识，不会失去立场和原则。

精 进 自 测 题

当你的同事提出一个不太合理的要求时，你是拒绝还是心不甘情不愿地接受呢？

2.7 有人讲话听起来通篇正确，可总让人感觉不对劲

职场上，要少说"正确的废话"

　　人总免不了要与别人沟通，但你会发现，有的人讲话，整体听起来找不到辩驳的地方，可总让人感觉不对劲。说得都挺正确，但是没有干货，缺乏指导性。

　　事实上，这就是"正确的废话"。职场上，我们该如何少说"正确的废话"，多说正确的话呢？

　　知乎上一位作者讲述了他经历的一件有趣的事。

　　大概是10年前，有一次我坐火车买了一张卧铺票。当时车厢里零零散散地坐着七八个人，大家聚在一起聊天。

　　大家非常随意地说起一个行业问题，一个戴眼镜的三十多岁的短发女子积极参与进来。她一本正经地说："任何行业，都有做得好的，做得差的，只要你肯干，你这辈子都不会差。"

　　后来，大家又聊到另外一些专业问题。这位短发女子煞有介事地补了一句："专业没有好坏，只有学不好的人。"

　　再后来聊到城市问题，一位大妈的女儿要考大学了，有人就建议尽量去大城市，机会多。这位短发女子推了推眼镜，严肃地说："还是要看个人，不要挑客观原因，哪里都有走出来的成功人士。"每次抑扬顿挫的发言间都要与其他人进行眼神交流，意思就是："我说话了，你得听着！"

　　这位大姐就是每句话看似都说得很对，但实际上说得是大而全、貌似正确实际毫无用处的废话。

　　工作中有很多话让人挑不出毛病，但对解决问题没有什么帮助，既没有很清晰的衡量标准，也没有具体的方法指导。我把这称为"正确的废话"。

在职场上，我们也会经常遇到这样的情况。在遇到这样的情况时，我们该怎么办呢？

举个例子。

你就一件事向领导请示，你眼巴巴地想听听领导有什么意见，这时领导告诉你："你要加强管理，快速推动这件事，做好风险防控，强化目标执行。"

你就有点"疯魔"了：我知道要重视，但是到底怎么办？感觉他说了很多，但是一句建设性意见都没有。

再举个例子。

你与同事讨论工作，想听取他的意见。他说："这事我原则上是没有意见的，但是客观上做起来有点难，所以，建议不要这么做……"

说了一通，说了等于白说，没有一点实际的建议。

说了等于白说，没有实际的参考价值，这类话就是正确的废话。

为何人们喜欢说"正确的废话"？

首先是环境的原因，说真话容易得罪人，造成大家不敢说真话。

其次，说不到点上的人，一般情况下，都是因为缺乏思考。在一些场合总要说两句，但又说不出太深的东西和具有建设性的意见，所以只能说点听起来正确的套话，但具体到实际措施，就直接"歇菜"了。

在遇到不太强硬、不太懂业务的领导，这样的人往往能糊弄过去；但是如遇到务实的领导，可能这样的人生存空间就不大了。

下面几条建议可以帮助你避免说"正确的废话"。

建议1：要有意识地锻炼自己。

在你每说完一段话后，都要思考能不能让交谈持续下去，有没有可能把天给"聊死"，有没有提出什么建设性意见。大部分非正式沟通，不需要刻意地表达，但是在正式汇报或者复盘等场景中，建议你在说完问题后，要增加一段能解决问题的话。

如果一句话无法提现问题的解决方案，这句话可以初步判定为正确的废话，

此时说了不如不说。

提出解决问题的方案依赖于思考的深度和对专业知识的把握程度。对于职场新人来说，除了要把握好自己未来的职业方向，还要研究透彻自己的专业。

能答出大部分人提出的疑问，是衡量专业是否研究透彻的标准，达到这一标准后，你就是一名合格的职场人了，如果对自己的要求再高一点，就是朝专家的方向发展。说话有干货，做事可落地，自然就会少说或者不会说"正确的废话"。这需要花时间用心去研究。

建议2：要做到言之有物。

用言之有物四个字检验自己的言语，做不到就不说或者少说。认知高的人一定是简单化处理问题，抓核心、抓矛盾、抓主流。说话太绕，就是"眉毛胡子一把抓"，没有重点。

建议3：千万不要自我感觉良好。

自我感觉良好是一些人的通病。走出自我感觉良好的一个办法，就是把材料给不相关的人、敢于说真话的人看，让他们去评判你的稿子里的文字是干货还是"正确的废话"。

在日常生活中，说点"正确的废话"，无伤大雅。但是在看重结果的职场上，"正确的废话"不仅会浪费自己和别人的时间，更会影响工作的进程。若无法给出有用的意见，就没有必要为了说而说。尤其是走上领导岗位的职场人，更要把精力放在接地气的事情上，不要染上形式主义、官僚主义的作风，说一些"假大空"的话。成为一个不说废话的人，你就成功了一大半。

精 进 自 测 题

你是一个喜欢说"正确的废话"的人吗？你能列举下说"正确的废话"有哪些特征？

如何对"或许、应该、可能、差不多"说再见

2.8

拒绝做"差不多先生"

在你的身边是否有这样的小伙伴：经常把"可能吧""差不多""大概""也许"等词语挂在嘴边。在他们看来，事情没有确定之前，这样说可进可退。

职场管理者不太愿意听到下属说这样不确定的词语。为什么有人会变成"差不多先生"？如何才能避免成为"差不多先生"呢？我们先看一个例子。

李甲在年底优秀评选中落选，他心里对此颇有怨言。我给他的建议是：解铃还须系铃人，你为什么落选，得问问评选人。随后，他联系主管，希望主管能帮其解惑。主管想了想说，等李甲帮忙完成一件工作后再告知他落选的原因。他请李甲第二天中午下班前汇报下公司某产品与行业内其他家的优劣对比。同时，这位主管把同样的任务也交代给年度优秀员工小张。

李甲认为这件事情对他来说太容易了，打个电话做了调研，次日到了主管办公室进行汇报。他说："主管，我观察了，他们的产品优势比较明显，差不多赶上我们的产品质量了，而且他们的促销手段非常厉害，采用低销价格向商场销售。我感觉价格可能比我们所了解的更低，建议尽快加快商场的争夺。"主管笑了笑没有说话，他打电话叫来小张，请小张说下自己的调研情况。

小张说："领导，我通过访谈、查找资料、到现场摸底三种方式进行分析评估，初步得到这样的结论：产品方面，我们的优势明显，具体表现在我们产品中的中草药成分对身体无任何副作用，而他们的产品存在副作用，商场中一位客户对此也有反映；但是他们的销售价格低于我们20%，且给代理商的酬金比较丰厚，销售量比我们高10%～20%，建议公司加大对产品质量等口碑的宣传，适当调整代理商的酬金，具体方向等领导您定夺。"

主管富有深意地看着李甲。李甲似乎意识到自己的问题，惭愧地低下了头。

李甲的汇报中充斥着太多的不确定词语，比如差不多、感觉、可能等，无法给出确切的信息；而小张的汇报相对细致，既有确切的分析数据，又有可供决策的建议。

在职场中，像李甲这样把差不多、也许、大概、可能、说不定等词语放在嘴边的人不在少数。

再举一个例子。

我有一个同事工作比较辛苦，领导原本考虑今年要给他优秀奖。但是当领导打开他的年终总结时发现，除了加了几个项目外，他几乎是照搬去年的年终总结。这位同事糊弄工作的做法，给领导留下了不好的印象，于是取消了给他优秀奖的打算，最终同事失去了一次好机会。

"差不多先生"有哪些特征？

"差不多"是职场上一种较为常见的行为，具有以下三个特征。

一是喜欢说一些似是而非的答案；二是用可能、大概等不确定的语言掩盖自己对事物的不确定性；三是喜欢用"晚些"等语言推迟安排。不管是哪一种，最终目的都是为自己留后路，对待工作低标准、低要求，不求最好，过得去就行。

胡适写的《差不多先生传》非常有意思。文中写"差不多先生"有句口头禅：凡事只要差不多就好了。在他的眼里，陕西和山西差不多，"十"字和"千"字差不多，八点三十分和八点三十二分差不多，"差不多"成为他这些年懒懒散散过日子的一种生活方式。终于有一天，这位差不多先生得了急病，家里人没有找到东街的汪医生，便把西街的兽医王医生请来了。差不多先生认为，汪医生和王医生差不多，可以让他试试。结果，王医生用治牛的方法医治差不多先生，没多久，差不多先生就一命呜呼了。临死前，差不多先生还说，活人和死人差不多，凡事只要差不多就好，何必太认真呢？

可以说，这位差不多先生害得自己丢了性命。

职场上有很多"差不多先生"，对待工作态度懒散，认为差不多就行。那为什么会这种有差不多的心态呢？有以下原因。

一是缺乏责任心，对工作有懈怠情绪；二是缺乏对工作的笃定，只好用含糊不定的语言糊弄上级；三是出现了错误，不敢说真话，试图掩盖真相；四是不善于从经验中汲取教训。所谓"差之毫厘，谬以千里"，听上去"差不多"，实际差得很多。

如何避免成为"差不多先生"？

在职场上，并非所有事都要求完美，但是在关键节点上，必须摒弃差不多的想法，严格要求自己。以下有3点建议可供参考。

（1）从改掉口头禅开始

在工作中，把大概、也许、差不多等字词从自己的语言体系中剔除，及时核对自己无法确认的事。

案例1：大概能完成

建议调整为：我确认过了，这次指标完成率为5.2%。注意，小数点这一位数字，能表明你的专业性和对数字的敏感度。

案例2：下个季度的工作我们差不多能完成

建议调整为：按目前进度，下个季度的工作我们能完成90%，但是我们一定会争取100%完成。

案例3：对于你的问题，我差不多理解了

建议调整为：对于你的问题，我的理解是×××不知道我理解得对不对？

在残酷的职场竞争中，想要获得别人的认同，我们先要尝试去掉"不确定性的"口头禅。摒弃差不多的心态，未来才会是坦途。

（2）　从认知层面改变

从认知层面去改变是解决问题的根本办法。用结构化思维和以终为始思维训练自己，聚焦沟通、汇报、流程梳理、项目跟踪等重点工作，从你要实现什么样的目标着手，紧盯目标及影响目标的关键动作，才可以逐步改变"差不多心态"。

（3）　使用错误疗法提醒自己改变

明白一点：错的会阻碍你前行，无用的会让你原地踏步，只有对的才能帮助你！"差不多"就是一种错误的状态，领导看在眼里，朋友看在眼里，久而久之你就给人留下不靠谱的印象。领导还会放心将重要的工作交给你吗？你会被边缘化，被安排做一些无关紧要的工作，甚至会被"优化"掉。

"差不多先生"与自律的职场人的差异不仅体现在言语上，更体现在思维和行动上。很多人眼中的小习惯、小事，却对职业生涯有巨大影响。建议职场人在改掉口头禅、用结构化思维和以终为始思维训练自己的同时使用错误疗法提醒自己去改变，努力与"差不多"告别！

精 进 自 测 题

在你的言行中，是否存在与"差不多先生"类似的情况？若有，你打算如何优化？

03
Chapter
第三力

扛事力

——在遇到委屈和问题时，如何变成一个
扛得住事的优秀员工？

有人受委屈或者挨批评了，或者工作压力来了，就会心生抵触，陷入崩溃的状态。

"我只是来打工的，为什么要我拼命加班？"

"为什么要跟我谈理想，挣钱的大头也不是我的。"

"为什么要我担风险？"

……

各种牢骚，各种情绪，反映在行动上就是岗位内的工作能少干就少干，岗位外的工作想都别想被安排，认为自己干得值老板给的，干一天算一天。

还有一些职场人非常反感被同事或老板批评，也讨厌身边的人被表扬，整个人被情绪包围着。事实上，工作中最严重的问题，不是工作做错了，而是情绪出现了偏差。工作上的错误可以改正，但是情绪错了，则很难控制。

扛事力，是一个人面对各种问题时能够从容应对、坚持不懈的能力。它包括面对误会怎么办？面对委屈怎么办？被人打击怎么办？如何应对焦虑？发生冲突时怎么办？遭受冷暴力怎么办？如何克服受害者心态？勤奋工作却没有获得晋升怎么办？

针对这些职场常见问题，接下来详细介绍一下解决方案，看看到底该怎么培养"扛事力"。

3.1 如果领导或同事对你发火，你是选择据理力争，还是忍气吞声

试一试这几招，让你内心不再委屈

若你被领导、同事误会了，你是选择据理力争，还是忍气吞声？若领导莫名

其妙对你发火，你是针锋相对，还是事后再谈？

在职场时有被误会、被批评的情况，说说发生在我自己身上的一件事。

记得在入职第五年的某一天，我被直接领导（部门副主任）叫到办公室狠狠批评了一顿。当时我一头雾水，不知道究竟怎么得罪了那位领导。

我问领导到底什么情况？领导更生气，说你自己都不知道问题所在？自己回去反思去吧。

于是我选择了忍气吞声，与领导冷战了2年，带来的后果是我失去了好几次机会。

大约2年后，我从这家公司正式辞职。一次老同事聚会中遇见这位领导，我始终无法释怀，不知道到底做错了什么。再提这话题，好像也无伤大雅了，于是希望他能给我解惑。

他讪讪地回答，说他听到其他下属说我说了一些对他不太好的评论。

被上司误会，甚至训斥，估计很多职场人有过这样的经历。面对批评，你的心情可能会很沮丧，不过我们得想办法调整自己的心态。

首先我们要明白，很多人在一段时间内是无法选择领导的，无法选择的结果就是适当适应，只要不是突破底线的事，我们就可以适当放下。

其次，比较关键的一点是，所谓千人千面，不同的领导，性格特征、工作作风、担当程度、个人品质千差万别。如果遇到跟自己性格不合的领导，总不能让领导做出改变。有的领导比较强势，你不喜欢强势，以个人诉求去要求领导，结果大概率会碰得头破血流。比如，你在家中受到父母的疼爱，所以认为领导会像父母一样心平气和地与你谈心谈话、宠溺你，你有进步，他会赞扬你，放弃这种想法吧。

最后，领导对员工的误会有大有小，大的事要慎重对待，小误会一笑而过就算了，斤斤计较没必要。

可以说对很多职场人来说被误会是家常便饭。如果经常被误会，就一定是自己在言行上出了问题；要是偶尔被误会，我们还是要尝试解释下。

如何解释误会呢？

方法不复杂，即分清人+分清场合+确定说的内容，试一试或许能帮到你。

（1） 分清谁误会你，影响大与否

领导误会你或同事误会你，对你的伤害或影响有多大，要进行充分评估。问题的关键在于，误会造成的影响到底有多大。如果影响很大，则必须马上将它解决，至少要重视起来；要是影响不大，可以置之不理。

如果只是身边个别不相干的同事误会你，他对你的工作本身也没有影响或者影响比较小，那么就没有必要特别重视，否则只会耗费精力，甚至影响你的工作节奏。

如果是会影响到你前途、影响到你绩效的人误会你了，就得搞清楚产生误会的原因，并且想办法解释清楚，不卑不亢地陈述事实，争取消除误会和隔阂。

还有一种情况，这个人并非你同道中人，你没有与之长期相处的想法，也不强求他喜欢你。要是这样的话，与其绞尽脑汁改善关系，改变他对你的看法，还不如置之不理任其去之。

（2） 分清场合，不是什么场合都适合澄清

场合可以是场所，也可以视为时机。很多人可能会问：向别人解释误会或进行澄清，是选择公开场合还是私密场合？没有定法。如果是原则性问题或者涉及底线的问题，选择公开场合澄清可能更好一点。但要注意的是，你的澄清证据必须无可辩驳，否则风险过大，澄清反而导致误会更严重了。

向领导澄清和解释，一般情况下不宜在公开场合进行，建议两人面对面沟通。如果领导需要你在公开场合提供解释，可以说稍等当面向您汇报，这样可能会更好一些。但如果是领导心存恶意，并且造成了一定的不良影响，建议选择在较正式的场合澄清。有时不用过于在意别人的看法，在公开场合理智澄清，本身就是智慧应对的技巧。

接下来，我们聊聊时机问题。当你与别人发生了误会，是当场解释还是改天

呢？如果是重要的人和事，建议另选择时间解释下，而不是当天，时间可以消除误会，让沟通重回理智。不过也不建议拖得太久，以避免误会越来越深。

如果涉及领导，建议提前与领导约时间汇报自己的想法，以便于领导了解情况，也让自己有个思想准备。实际上，领导并不反感与下属进行沟通交流，他也需要了解员工在想什么。

此外，不管是与领导还是同事进行解释澄清，最好提前考虑好自己想表达什么，不要有埋怨，直接介绍情况。

例如，可以说："领导，这件事我占用您几分钟时间，给您解释一下。"然后继续介绍情况。

当然，不管如何被误会冤枉，要相信清者自清，保持平和心态是一名成熟职场人必备的素质。

误会比较容易解决，但直面领导的怒火是一件麻烦事，怎么办？

如果打算继续在这家公司干下去，就得好好思考一下如何解决问题。通常领导发火的原因有三个：一是个人情绪控制力较弱，容易爆发情绪，这可观察到，动辄就发火的领导基本属于这个类型；二是分管领域的事情让领导在他的上级那里"吃瘪"，回来忍不住对自己的下属发顿火消消气；三是确实是下属工作出现了差错而且还屡教不改。总之，领导发火要么是情绪不佳，要么是一种工作的策略，通过发火来施压。

不管是哪一种情况，逃避终究不是办法，以下是一些应对办法。

（1）要控制情绪

一旦与别人发生摩擦、矛盾、被批评和被发火，只要不是圣人，多多少少会让一个人的情绪受到影响。

但是工作只是生活的一部分，如果因为在工作中遇到糟心事就心情糟糕，好像天要塌下来一样，那就有点得不偿失了。具体操作办法就是深呼吸，暗示自己真的没有必要因此影响情绪。工作是工作，生活是生活。这一点非常难，但是我

们要努力做到。

（2） 就事论事

如果真的在职场中犯了错误导致领导发火，在领导没有发火前要如实承认错误，厉害的员工可以让领导想发火也发不了，如同一个拳头打到棉花上，这才是高手。承认错误只是第一步，还要拿出弥补措施，再听取领导的意见。有态度、有主意和有行动，相信这样的交互也会成为你们一起共事中美好的回忆。

（3） 不辩解、不推脱

先疏通情绪再解决问题是一个基本的心理过程。在领导非常情绪化时，你告诉他这事是×××的责任，这事跟你没有关系，是领导决策出了问题。领导一听情绪估计就到了爆发临界点。

（4） 慢三拍

领导朝你发火，你要冷静对待，慢三拍真的没有关系，没有必要立即去辩解。如果确实受到了冤枉，可以参照前面说的办法处理。待领导气消后，再主动与他沟通汇报，一般的话术是："领导，现在有时间吗/现在心情好一些了吧？我把那件事给您汇报一下如何？"

（5） 同理心

凡事总有因，一个合格的领导一般情况下不会无缘无故地发火，对个人的前途和人际关系毫无益处。从这个角度来看，作为下属要理解领导，让自己保持平和的心态。

职场人在与领导沟通时，会遇到各种各样的问题。因为岗位分工的不同，我们应对时缺乏话语权，处于弱势。但是，面对领导对你的发火不必委曲求全，因为委曲求全无益于问题的解决。对症下药解决导致领导发火的真正问题，为营造良好的工作环境做努力，才是职场应对之道。

精 进 自 测 题

在工作当中，当你被人误会时，你会怎么办？

老板说了我两句，我为什么会觉得自己很委屈

3.2

把"玻璃心"练成"小钢片"

被老板批评几句，感觉很委屈。

同事一句无心的话，触动了自己敏感的神经，让自己感到不高兴。

特别在意上级、平级和下属的看法。

……

这些都是职场"玻璃心"的表现。

关于玻璃心的心理状态，格力电器掌门人董明珠曾说过："职场上，最降低工作效率的事，不是刷淘宝，也不是聊微信，而是'玻璃心'。"

职场"玻璃心"的人具有哪些特征？如何识别"玻璃心"同事？为什么会有"玻璃心"？如何避免自己有"玻璃心"？如何与"玻璃心"的人相处？接下来我们一一进行解读。

先看一个发生在南京的真实的职场案例。

某公司员工小张，按老板的要求去机场接一位公司的重要客人。小张思虑再三觉得开车去机场接客户，一定会堵车，这将影响客户接下来的会议议程。他感觉坐地铁准时准点，是一个不错的办法。于是，小张在没有向老板汇报的情况下，就与客户在微信协商约定，接到客户后坐地铁去公司。客户客随主便，答应了此事。

小张接到客人后，与客人一起坐地铁抵达公司。到公司后，小张把情况向老板汇报。老板一听，顿时大怒："这是重要客人，你竟然安排地铁，要是生意黄了，谁负责呢？"他认为小张不太靠谱，把小张骂了一顿。

小张心里非常不高兴，认为坐什么交通工具无关紧要，客户按时接到就行了，老板过于严苛。随后，小张在社交媒体上说了这件事，希望听听网友的意见。这样一来，就将他与老板的"矛盾"公之于众。实际上，小张将事情发到网上的初衷是吐槽领导或者寻求共鸣，没想到把自己暴露在网友面前，一发不可收。大多数网友认为，是小张过于敏感，有点"玻璃心"，个人承受能力不行。

网上一名自称有点"玻璃心"的网友说："可能我本身就是'玻璃心'吧，所以很容易难过。别人的一个动作、一句话，可能是无心的，但我认为是讨厌我、不喜欢我的表现，我就会很难过。就像被别人骂了，其实并不是很凶的责怪，但我几乎是一瞬间就委屈得想哭。明明心里都演练过以后要怎么样，比如不要对别人说的话上心，但想的和实际情况一点儿都不一样。"

"玻璃心"者的过度敏感，造成了他们不受身边人的待见。在写本节内容时，我对不同公司近100人进行了随机调查，了解到近八成人认为"玻璃心"是无病呻吟；近六成人表示自己不愿意与"玻璃心"的同事单独相处；近四成人表示接触过"玻璃心"的人，感觉就像触碰了不定时炸弹，随时会爆炸，不知道如何去安抚。

如何判断你身边的人是不是"玻璃心"？

"玻璃心"的人通常具有以下三点特征。

第一，易敏感和易神经质。他们听到别人的窃窃私语，会以为是在讨论自己，说自己的坏话。别人不经意的一句话，他们却认为别有用意。这样的易敏感和易神经质的特征，与"职场受害者"心态如出一辙，均为易受伤的心理状态。

第二，容易觉得受委屈，缺乏韧性。领导布置的同一项工作，别的同事欣然接受，他认为干这种工作没有意思，或根本就无法坚持下去；被领导批评一下，别的同事不当回事，他却瞬间崩溃，并产生委屈、怨恨甚至不想干的想法。

第三，遇到挑战时全盘否定自己，总觉得大部分工作都很难，对自己不自信。

为什么有人会有"玻璃心"呢？这种心态的存在，可能有以下4点原因。

原因1：自卑心理

心理学上把"玻璃心"归集到"人际关系敏感"，指某些人在人际交往中的不自在感和自卑感，尤其在与他人相比较时更为突出。"人际关系敏感"的形成原因主要有气质天生较为敏感，也就是抑郁型气质；后天的经历中存在安全感缺失的问题，反映在工作和日常的人际交往中，就是呈现内心自卑的状态，且尤其在意别人对自己的态度。例如，听不得别人对自己的评论或批评，在他看来，别人无意间的交流会带有恶意的贬损；不管任何事情都能联想到自己；总觉得别人看不起自己，从而说话做事小心翼翼，经常认为自己很脆弱。

原因2：能力不足

俗话说，强者自强，"玻璃心"的人能力和自尊心通常成反比，能力越低的人，对外界评价会越敏感。要知道，满腹经纶之人，即便被人嘲笑是"傻子"，也未必会反击。但如果是没有文化的人被批评为"傻子"，他的第一反应一定是大发雷霆。为什么会这样的？因为他在这方面本身是"贫瘠"的，必须通过反击证明自己。

无须证明，才是强者。

原因3：工作不紧凑

所谓"无事生非"，工作忙的同事根本没有时间跟别人说闲话，更没有时间去计较那些乱七八糟的"小九九"，只想把工作做好。反倒是空闲之人，会不由自主地关注自己的情绪，更加敏感。

原因4：情绪管理能力不足

在职场中，情绪管理是一项至关重要的能力，所有的心态都与此有关联。在心理学上，情绪管理能力不足被称为情绪短路。情绪短路的人会突然爆发情绪，怨天尤人，会像炸弹一样把身边的人轰得"七荤八素"。

"玻璃心"的员工对于领导甚至是其身边的同事来说是一个灾难，他们不仅自身工作效率低下，而且会影响到团队的工作效率、人员士气，他们在团队变革的关键节点上，极有可能被裁掉或分流。

与"玻璃心"伴随而生的是对世界的敏感的看法、对身边人的防备、对别人看法的在意、对自己的不自信等。

这里分享几个克服玻璃心的好办法。掌握了这些办法会让你遇事云淡风轻，抗压能力明显提升。

（1）找榜样，找标杆

当发现自己有玻璃心的性格、容易悲观消极时，要有意识地去观察身边的人。乐观积极的人真的是99%的时间都是快乐的，对同一个问题的态度和玻璃心的人完全相反。

例如，当玻璃心的人面对老师的批评时，会觉得自责羞耻；而乐观积极的人会感谢老师指出他的问题。结果就是玻璃心的人会陷入不相信自己的怪圈，而乐观积极的人已经在总结反思了。

（2）　调整心态

所有的"玻璃心"，本质上是对自己的压抑。正视"玻璃心"，承认人与人之间的差异，然后尝试去改变或消灭它。有人天生就大大咧咧的，有人天生很敏感，不管这是后天形成的还是先天的性格问题，均是客观存在的；正视"玻璃心"，告诉自己，情绪是大脑"杏仁核"作怪的结果，是一种生理和心理的反应，学会从感性变得理性，才能调整自己的心理状态，逐步去改变自己。只有正视问题，看到不足，才能接受改变。

（3）　正确对待批评

绝大部分的批评并非针对某个人，而是就事论事。了解这些后，面对批评或议论时，可以进行一下自我暗示："批评是针对事情本身的，并不是针对我。"

立场不一样，看待问题的角度、表现的态度也不一样。所以，我们一定要辩证地对待批评。要知道，批评看似是负面反馈，但是正确对待批评的人，却看到了进步空间和方向。当领导批评你的时候，对这件事情的解读就是你的格局和能力的体现。想明白这一点，你会发现，实际上大部分批评对你来说是有帮助的，是可以接受的。

（4）　让自己的世界变大，分散注意力，提升成就感

从职业长远发展来看，靠资源庇佑终究不是职场生存之道，拓宽视野，提升能力，才能让你把工作做得更出色，获得更大的成就感。我的建议是努力将自己的世界变大，多学点本领，多掌握一门一技之长。例如，如果你爱好写作，在为公司写公文之际，不妨试试加入写作的圈子，或者参加写作培训班，努力成长。拓宽自己的视野，增长知识，拓展人脉，提升成就感，当你到达一定高度时，"玻璃心"也将随之被瓦解。

（5）　用行动改变负面情绪

"知行合一"，用行动去改变自己的情绪。在这个世界上，大部分人会受到

一些伤害和委屈，当你学会放下怨恨，就会发现生活顺畅许多。而如果抱着负能量不放，那么你看问题、看世界的角度永远是狭窄的，个人发展也会受限。

我们在努力改变自己的同时，还要与"玻璃心"的人相处。在这一点上，不同角色的人做法存在着差异：对于管理者，如果不喜欢自己的员工是个"玻璃心"，更不希望自己的组织受到影响，可以尊重他并循循诱导；如确实影响了团队合作，只能"踢出局"；如果"玻璃心"者是你的同事，能帮则帮，不能帮忙则敬而远之，毕竟谁也没有必要为了别人而为难自己。

"玻璃心"有先天的，也有后天养成的。如果你有文中所说的玻璃心表现，建议正视它，合理规划自己的职场人生，用理性方式去分析、改变，而不是让负面情绪影响自己和别人；正确对待批评，把自己的世界放大，而不是沉浸在自卑的小世界中；立马行动，最终瓦解"玻璃心"，真正让自己强大起来。我们要相信，与"玻璃心"结伴而行，让自己变强大，就能将自己的职场道路越走越宽，从玻璃到钢，就是我们的成长。

3.3 新人总是被打击、被否定，应该怎么办

WQC分析法定原因，三招解决问题

新人是职场弱势群体，总会遇到这样那样的问题，如被打击、被否定，你应该怎么办？

讲两个故事。

第一个故事发生在我自己的身上。

2000年，我作为一名新人进入了某公司，可能是因为工作努力或领导看我顺眼，被委以重任，担任业务审核岗。当时我就想："这么重要的岗位我得好好干，回报公司，回报信任我的领导。"于是乎，我对公司的业务以高度责任心进行审核，然后发现了问题，对一些报表提出疑问，再然后因为一份报表被一名老员工批评了。

那一顿批评，可以说是无缘无故。

更严重的是，我发现身边的人都开始用比较异样的眼神看我，这让我心里一度非常难受。

第二个故事，是一个朋友的经历。

入职一段时间后，王晓萌通过努力争取到一个项目。后来由于她出色地完成了这个项目，在公开场合得到了上级领导的表扬，并在试用期还没有结束时破天荒被评为优秀。会后，身边的老员工冷嘲热讽地说："你这个新人不错嘛，这么快就和领导拉近了关系。"

后来王晓萌还侧面听到一些非议，比如："这个谁谁谁走了狗屎运，才来没多长时间就被评优秀了，我们这些老员工干这么久，都没有得到优秀。"

这些话让王晓萌备受打击。

新人在职场上被恶意针对，是一个比较常见的问题。有的人选择了一味逃避，还有人选择正面冲突。

但这些都不是解决问题之道。

人与人之间的交往，无外乎人性的对赌。你了解了人性，找到了事情背后的原因，才能找到解决问题的切入点。

职场新人遭受打压，无外乎以下3个原因。

第一个原因，实力不够。

职场新人被欺负大概率不是道德问题，而是与实力相关。

事实上，没有人瞧得上能力弱的人。同事需要你帮忙，你什么都帮不上或者帮倒忙；上级有一个紧急的工作安排给你，你干得漏洞百出，老是让上级给你擦屁股，或者每次交代任务后石沉大海，干不出结果。这些情况下，同事对你的态度要是好了才奇怪。

简单来说，那些过得比较好的人，有两个特征：一是在能力上碾压别人，二是个人资源和背景强大到无人能撼动。

第二个原因，可能是新人比较优秀。新人的优秀衬托出老员工的平庸，让别人产生了危机感，因此出于酸葡萄心理，老员工可能会对那些比较有能力的人进行打压。

第三个原因，社会经验不足，容易被"忽悠"。

明白了职场新人遭受打压的三点原因，接下来我们就用WQC分析法思考应对的办法。

W——Who，要看谁对你不认可，谁在打击你。

这些年的职业生涯告诉我，一个人永远无法讨好所有人，如果一定要讨好，请用工作成绩讨好你的上级，别人对于你而言都是不可掌控的，即便你努力地工作，也无法避免别人对你的恶意和冷嘲热讽，更无法阻止别人暗中给你插刀子。

要注意的是，若是下面几类人对你不认可，一定要反思和复盘，看是不是自己的工作态度或工作能力方面出了问题。

¥（1）你的直接上级或越级的上级

一般情况下，话语权比较高的人，比如公司的中层领导，对员工不满意可能问题比较严重。

这种不满意的判断可能基于员工的业绩、领导的日常观察或者别人的说辞。一旦确认有上级对自己不满意，一定要引起重视。

¥（2）岗级比你高很多，且一直优秀的同事

优秀者自然有优秀的道理，这些职场人岗位比你高，一般情况不会随意针对你，毕竟犯不着嫉妒你、排挤你，他们在乎的是你能不能协助他们做好工作，他

们对你的不认可，很可能就是你的问题，比如能力不足或者工作态度不认真。

（3）　你工作接触较多的人

这类人如果对你不认可，大概率是你的工作做得不到位，要么是能力方面，要么是态度方面。你的工作干得好不好，他们是有发言权的，因为他们与你接触较多，被视为最了解你的人。

如果发生以上三类人不认可你的情况，建议先从自身找原因。

其他人，诸如你身边的同事或者话语权一般的人，适当关注就行了，无须过分在意。

Q——Quantity，要看量级。

量级，是数量多少，偶尔有人批评，不算问题；要是被批评变成了常态，就要引起我们的重视。

我就遇到过这样一个人，姑且叫他小W，在他对接的五个部门中，有三个部门向我反映他工作上有问题。

这就非常值得重视了。团队中有超过1/3的人不认可你，大概率真的是你的问题，要么是你的身上存在一些大家不认可的因素，要么是你与这个公司的文化不相符。

量级在一定程度上决定你的问题的严重程度。

C——Cause，要看原因。

如果在别人对你的不认可中，存在很多事实性描述，这也要引起重视；但是若大多和全部为定性描述，你则不用过于在意。

换句话说，要区分事实描述和定性描述。若总是扣帽子，做定性描述，缺乏足够的事实描述，比如总说这个人不行，却不说他到底哪里不行，这是有敌意的打击。如果说他这个月迟到了3次，2次会议因为他的原因发生了推迟，对此要提出批评，被批评者就必须重视并改正自己的问题。

WQC分析法能帮你找到问题症结。下面就如何改变自己、如何解决问题，给大家三点建议。

📊 第一个建议：积极调整心态

物必先腐，而后生虫。面对打击和各种不理解，我们不能把自己陷入对立情绪中，要认真剖析，自我反思。如果不积极调整心态，将面临更大的风险。

📊 第二个建议：针对性化解

仅在心态上进行调整，还远远不够，要针对性出击，主动消除误会，主动沟通，了解对方对自己的意见和建议，虚心接受。即便是能力暂时不足，但态度还不错，在职场上，也能被人接纳。但是不能一直只是态度好，也需要不断提升个人能力。

📊 第三个建议：不要急于否认，不要急于辩解

这是最重要的一点。当被别人批评时，很多人第一件事不是想想到底出了什么问题，而是找借口，比如，当被批评项目进展慢了，你急于甩锅，说："这是合作方的问题。"或者说："××不配合，掉链子。"即便这些话是真实的，可在批评你或质询你的人看来，你在推责任，找借口，不能被委以重任。这是职场上一种很常见的情况。别怀疑，你想表达的和别人理解的，真的存在偏差。

事实上，面对他人毫无道理的指责，适当做解释即可，过多解释或推给别人，你会发现问题越来越复杂。

最后，我想对新人说的是，辩证地看待问题，一个人不可能获得所有人的认同，面对别人的批评、不认可，你要做的是坦然面对，适当自我反省，把批评当契机提升自己。

精 进 自 测 题

在职场中被人欺负、打压，你如何应对？

3.4 遭遇职场焦虑，人人都是焦虑人

职场这么累，我们该如何与焦虑握手言和

你把费尽心思完成的报告提交给领导，这报告非常重要，可能影响下一步的晋升，在等待领导回复期间，心里忐忑不安；

年度述职结束了，不知道这次升岗名单有没有自己，提心吊胆；

项目做完了，希望能迎合领导的想法，又感觉抓不住他的意图，失眠；

晚进公司的小青年被宣布成为自己的领导，而自己还在普通员工的岗位上守着，对自己非常失望；

……

职场焦虑是一种常态，每个人都有。

心理咨询师李松蔚说："被自然演化选择的人类身上本身就有焦虑的基因。"焦虑无处不在，有的焦虑让人疲惫不堪，有的焦虑让人迷失自我，有的焦虑让人性情大变……焦虑已成为一种常见心理疾病。

那么，职场焦虑有哪些症状？

📊 症状1：易愤怒、喜欢发泄情绪

心理学教授朱建军曾说："绝大部分易愤怒的人都是焦虑导致的。"例如，领导对下属不满意而发怒，核心的原因在于他对下属的工作进展情况非常焦虑；又如，当孩子进入青春期时，不听家长的话，很多家长选择了大吼大叫的教育方式，就是对无法掌控的局面的一种焦虑。大部分人天生有一种掌控或控制的欲望，只是有人后天通过不断提升修养，控制情绪，改变自己。

📊 症状2：无时无刻不在担心和恐惧

这种症状的具体表现有担心在同事、领导面前出丑；经常感到不安和害怕，但又说不出具体原因；经常感到追求成就（或成功）未得前的压力和恐惧；内心总不自觉的患得患失；对别人的话很敏感；对工作上的失误、批评、惩罚等出现惊恐反应；难以专注工作，思维迟钝，反应迟缓，丢三落四；面对突如其来的问题不知所措，等等。这种无时无刻的担心和恐惧如非常严重，则需要医生介入治疗。

📊 症状3：严重缺乏安全感

这种症状的具体表现包括强烈需要得到别人的认可，如果得不到认可会产生挫败感或者怨恨他人，对世界抱有成见，认为世界充满恶意。

以上这些仅仅是焦虑的部分表现，接下来，让我们来一起看看职场焦虑的形成原因到底是什么。

有人说，焦虑与生活和工作密不可分，比如，对生活的不如意，对孩子教育的失望，对自己薪水的失望，对职场前进方向的迷茫，对预期未达的失望，对人际关系的恐惧，对年龄渐老的害怕。

大部分职场焦虑未涉及病理，也未严重到亟待医疗机构介入。此范畴内焦虑产生的原因主要有三点。

第一，生存所致

生存焦虑分两个层面：一是物质层面的焦虑，比如还款压力；二是精神层面的焦虑，在信息飞速传播的当下，由于个人认知和经验不足，导致对当下、对未来的迷茫。

第二，大脑组织影响

大脑中有一个大小、形状跟杏仁差不多的组织，叫作杏仁核，它的主要功能是情绪反应和记忆处理。当受到外部刺激时，杏仁核会亮起红灯，做出焦虑、恐惧等各种情绪反应。焦虑是与生俱来的一种反应，但是缓解焦虑的方式各有差异。有人通过自我调节减缓焦虑，有人通过发火、自我降低自尊感等方式缓解焦虑，最终的目的都是寻求控制感，但因方式不同效果也有差异。

第三，未建立有效的期望值系统

过高的、不切实际的期望值也是造成焦虑的关键因素。试想，如果你才进公司一年就希望成为业务骨干，升职加薪，当这样的期望未能实现时，你是否能坦然面对？有期望、有梦想本身没有错，但过高的、不切实际的期望，将严重影响情绪、认知，继而产生焦虑感。

生存所致、大脑组织影响和未建立有效的期望值系统都是产生焦虑的重要原因。适当的焦虑可以促进我们进步和成长，但是大部分的焦虑都是坏情绪，总是不断破坏我们生存空间。

如何缓解焦虑感？这里给大家提供五点建议。

第一，承认焦虑，与其自洽

对外界"耿耿于怀"、对现实不满都是导致焦虑的原因。建议要先稳定心态、认清差距，再明确目标并付诸行动，最后真正实现知行合一。我们要明白一点，一味地不满解决不了任何问题。例如，面对晋升焦虑，不如寻找自己与优秀者的差异，在可能的情况下，可以与领导进行沟通，了解其眼中的优秀标准是什么。事实上，当焦虑者以焦虑激发他们行动时，焦虑也将遁于无形。承认焦虑，与其自洽，是非常有效的正向处理法。

第二，建立个体期望值体系

人生最怕的是没有目标，或者设定的目标遥不可及，前者叫胸无大志，后者叫眼高手低。作家麦家认为："最好的目标是当下无法达到，但是通过努力，跳一跳够一够能达到的，这样既没有好高骛远，也有一定奔头。"麦家认为的目标，实际上就是给自己搭建有效的个体期望值体系。

职场人一定要有自己的期望值体系。例如，从职业生涯来看，是希望走管理序列，还是走专业路线？说白了就是你是希望自己成为领导，还是成为一个专业人才？又如，你在职场上打算做出什么样的成就？对公司有什么期望？等等。这些均是个体期望值体系的内容。

了解自己希望得到什么，并为之奋斗，一步一个脚印地前进，焦虑会得到极大缓解。

第三，寻找出口

找一个适当出口，如培养爱好、亲近自然、多做运动等。我的一名同事，她工作踏实，年龄45岁左右，已过了提拔的年纪了。她咨询我，以后该怎么办？我感觉到她的焦虑，提醒她，可以把自己最擅长的事或者爱好拾起来，这样可以分散个体职场焦虑。她认为，这些年教育孩子的经验可以与别人分享。于是，她利用业余时间研究子女教育问题。不到一年，她就成为被身边很多人信任的"教育专家"，经常有人找她咨询。她说，这让她获得了一种满足感。这就是她的焦虑出口。

正所谓一技在手，吃穿不愁。多一项特长，多一点技能，职场上的自己就多了一点加分项，也分散了自己的焦虑感。

寻找出口，也给我们调整职场方向提供灵感。归根结底，是要把自己变得强大。

第四，多打造圈子

圈子是指因具有共同兴趣爱好而联系在一起的人群。在圈子中，你不仅可以学习充电，提升能力，结交人脉，还可以减少焦虑。

第五，尝试倾诉

倾诉是缓解情绪的利器。"知者乐水，仁者乐山"，与大自然倾诉，去祖国的大好河山看看，放松心情，你会发现工作中的那些难事，实则都是小事，除了生死，再无大事；与朋友倾诉（一般情况下，不建议与同事倾诉），朋友的开导，可以一语点醒梦中人；在网络陌生环境中进行倾诉，比如，写点文字发到今日头条、微博上，不过要隐掉自己的姓名，以利于情绪调整。

正如美国电视剧《逍遥法外》里提到的，焦虑使人心力交瘁，也让人功成名就。河有两岸，事有两面，凡事都要一分为二地看待，对待焦虑亦是如此。承认焦虑，与其自洽，建立个体期望值体系，寻找出口，多打造圈子，尝试倾诉，都可以在一定程度上帮助我们缓解焦虑。要克服生活的焦虑和沮丧，得先学会做自

己情绪的主人。

精 进 自 测 题

你有职场焦虑吗？你是如何缓解职场焦虑的？

3.5 被别人批评时，我不自觉想对抗，这种做法可取吗

如何改变你身上的职场"红灯思维"

老板安排一位入职3年的员工策划一个活动，这位员工特别积极，他绞尽脑汁，终于在限定的时间内完成了方案策划。员工感觉还不错，觉得自己非常努力，也考虑得特别周全，于是第一时间上报给老板。

第二天老板把这位员工叫到办公室，员工以为自己及时上报，一定会得到表扬。没有想到的是，老板把他狠狠地批评了一顿，说他的方案根本没有站在公司角度看问题，不合格，要重新做。

这位员工相当郁闷，想："老板事儿真多，我加了几天班做出的东西，没有功劳还有苦劳吧？真的就一文不值吗？算了，下次工作糊弄吧，反正不管做成什么样子，都要被批评。"

工作和生活中，类似的情况还有许多。问题出在哪里？

简单来说是思维方式出了偏差。

在面对批评时，人的思维通常可以分为两种：红灯思维与绿灯思维。

有红灯思维的人对外界充满抵触，看待事物喜欢先入为主，并把自己封闭起来，内心抗拒接触外面的世界，始终认为自己就是对的，别人是错的。

拥有绿灯思维的人内心充盈、心态开放、善于接纳建议、积极主动。他们摒弃了先入为主的看法，能够积极认可和理解别人，善于听取他人的意见和忠告。

红灯思维和绿灯思维是人生中两种非常常见的思维方式。

举个红灯思维的例子。

"这个礼拜的外呼成功率不高，领导找我谈话，要我分析原因。关于外呼成功率不高这事我已经分析很多次了，还让我分析，纯属浪费时间，无事找事。他一定是对我有意见。"

但要是换一种想法，使用绿灯思维来思考，情况就变得不一样了。

仍然是上面的例子。

"领导这样安排总有他的道理，我再分析一下，说不定可以找到提升外呼成功率的办法。"

"习惯性防卫"是红灯思维产生的核心原因。

虽然人类处于生物链顶端，但并没有想象中的那样强势，反而在大自然中一直处于相对弱势。这种弱势导致人类大脑面对外界时处于一种自我保护状态，于是自然产生了"习惯性防卫"。

例如，当面对他人的批评或不同意见时，大脑的第一反应是将其视为对自己的一种侵犯和否定。俗语"无事献殷勤，非奸即盗"就是"习惯性防卫"最真实的心理反应。

彼得·圣吉在《第五项修炼：学习型组织的艺术与实践》一书中说："当我们感觉自己在防卫、逃避问题，或思考如何保护某人或自己，表示我们应该重新努力学习的时候到了。但是我们必须学习如何辨认这些讯号，学习如何承认防卫而不会激起更多的防卫。"

如何将红灯思维转化为绿灯思维？

在这里给大家提供一个工具："123思维进级法"。

当接触一个新观点时，先不要急于下结论，而是用"123思维进级法"从下面三个方面做出改变：表达1个态度，自问2个问题，开始3方面改变。

表达1个态度。例如，感谢你分享的观点；感谢你给予的建议；感谢你的批评，指出我的不足。

自问2个问题。例如，他的核心观点什么？是否对我有所帮助？

开始3方面改变。

改变1：从现在开始，改变自己的对话内容。当同事或者朋友给你提建议时，尽量先去感谢他提出建议。你可以这样说：

● 辛苦了，方案我看了，看得出来你挺用心的。

● 很高兴你跟我分享你的观点，感谢你这么相信我。

● 你的这个观点对我触动很大。

● 你的这个想法是我以前没想到的。

● 你的观点令人耳目一新。

......

改变2：在生活日常中培养良好的心态，改变一蹴而就的想法。把红灯思维转化为绿灯思维，是一个渐进的过程。我们要循序渐进、以慢为快，善待每一次交往，善待每一次观点冲突，善待身边每一个人。当你的心态逐渐改变时，思维也将随之转变。

改变3：换位思考。换位思考就是从对方角度看问题，及时发现自己的不当之处，不断改善和提高自己。换位思考让我们能保持平和心态，学到更多东西，发现别人的优点，改善人际关系及提升工作效率。正如马克·墨菲在其畅销书《用事实说话：透明化沟通的8项原则》中提到："当你面对某个绩效一贯低下的员工时，换位思考是一个简单可行的办法，它可以让你明白他是怎么思考的，从而找出正确的信息，继续推进工作。"

"123思维进级法"并不复杂，坚持用"123思维进级法"提升自己，将让我们实现从红灯思维到绿灯思维的转变，成为一个自律、自强的人，拥有积极的心态。

精 进 自 测 题

　　读完本节，你打算如何让自己摒弃红灯思维，拥有绿灯思维呢？

3.6 领导没有提拔我是因为对我有意见

如何从职场"受害者"变成"受益者"

　　职场中，有一个非常普遍的现象，就是大家热衷吐槽远远胜于热爱工作，毕竟吐槽不费精力，干活不仅费力，还可能吃力不讨好。

　　吐槽的内容通常是遭受不公平对待、领导毛病多、某人被提拔是因为有背景而非个人能力强、自己被同事欺负了等在职场中司空见惯的事。总之，吐槽者往往觉得自己是职场"受害者"。

　　一名学员分享他的一位同事的案例。

　　据他观察，那个同事每天上班的大部分时间耗在微信上与好友聊天、逛淘宝。有时打2～3个小时的私人电话，同事给她打电话要数据，电话一直提示占线，耽误了工作。这样的事发生过好几次，同事心里非常不高兴。

在某个场合，领导终于无意中了解到该同事上班无所事事、工作敷衍了事的情况，在让她做了自我检讨后，把她调到其他非关键岗位，并取消了她的年度晋升资格。

领导找该员工谈话，员工觉得委屈，干了这么多活，做出那么多成绩，不就是有几次接电话不够及时吗？领导处理得也太重了。

她认为自己被伤害了，是职场"受害者"。

什么是职场"受害者"呢？职场"受害者心态"是指在职场生涯中，遇到对自己不利的事情后，就会产生被忽略、被不公平对待的心理状态，认定是别人给自己带来了伤害。这种想法会不停地侵蚀当事人的工作激情。例如，当看见别人得到晋升时，联想到自己，心生郁闷，怀疑晋升者是靠关系才上去的，或认为是因为这些人运气好。职场"受害者"很少想到用努力去创造进阶机会。他们把别人的成功和自己的失败归结为外界因素，这种认知错觉使其根本认识不到内在原因才是决定能否晋升的关键要素。不幸的是，有这种想法的人数不胜数。

实际上，只有弱者，才会一味地把对自己不利的因素归结于外界因素，认为自己遭受到了职场潜规则，是"受害者"。强者从不会故步自封，会通过不断的反思和学习，一步步提升自我。

了解"受害者心态"了，接下来我们来分析一下它的成因。产生此类心态的原因主要有四点。

（1）偏向采用污染性叙事方式

心理学认为，人类一旦发现环境不理想时，需要一个自我因果关系解释。也就是说，当我们不能改变过去发生的事情时，便采用讲述的方式试图帮助自己"改写过去"。

根据此观点，针对同一件事有两种解释，有人会认为事情的开头可能比较糟糕，但最终会有一个好结局；有人则相反，他们相信，即便故事的开头很美满，但也不会有好结局。前者属于"挽救性叙事"，后者属于"污染性叙事"。

例如，职场中晋升失败属于负面事件。有的职场人认为，这次没有得到晋升，说明我还不够努力。通过这次事件，我找到了原因，积累了经验，下次一定有机会。这属于"挽救性叙事"，属于一种比较正向的心理暗示。有的职场人则认为，我觉得自己已经很努力了，没有得到晋升，是因为我遭受了不公平对待。在这次晋升过程中，领导一定是对我有意见，以后我可能晋升无望了。这属于"污染性叙事"。我们提到的"受害者心态"在心理学中属于"污染性叙事"。

（2） 弱势思维是"受害者心态"的根源

有"受害者心态"的人认为自己是弱势群体，当发现现实与自己的认知冲突，或者自己的利益受到损害时，第一反应是外界出了问题，"恶意"诠释过去发生的事情。

（3） 认知边界过窄

常言："五岳归来不看山，黄山归来不看岳。"随着人们视野的扩展、世界观的沉淀、价值感的自我丰富，其对广阔世界可能越发感兴趣，并逐渐忽略过去"陈芝麻烂谷子"的小事。认知边界是研究"受害者心态"的重要因素。相信大家有这样的经历：回顾自己曾经经历的事，当时颇为在意的，现在却觉得无所谓。大多数时候，认知边界会随着时间的推移而有所拓展。在时间流逝中，如果一个人的认知边界未能与时俱进，就会造成认知边界过窄的情况，致使"受害者心态"的产生。

（4） 缺乏心理疏导

"受害者心态"是职场上一种较为常见的现象，但是部分公司对此听之任之，认为这是员工自己认知上的瑕疵，任凭员工自己处理、消化，缺乏专业的心理疏导。职场人如果发现自己有"受害者心态"，要明白对这种负面的心理状态，如果不去反思如何解决，而是责怪别人，以平复自己的内心，麻痹自己，对自己的成长只会有弊无利。因为职场几十年，总会遇到类似年度评优、晋升、

裁员、加薪、改革分流等问题，如果不积极进行心理疏导，对自己的职业发展很不利。

如何摆脱"受害者心态"？

（1）　走出舒适区

人对外部世界的认知可以分为恐慌区、学习区、舒适区。对于有"受害者心态"的人而言，他们的弱势心理导致其一直龟缩在舒适区停滞不前，对学习区和恐慌区感到恐慌，常产生退缩的想法。实际上，只有走出舒适区才能有效消除"受害者心态"，适应学习区，探险恐慌区，实现认知边界拓展。

（2）　培养良好的反思习惯

日有三省，不仅是好习惯，更是一个人的能力所在。尤其是数年如一日坚持下来的人，相信其在职场上也能占有一席之地。所以，我的建议是：遇到事情后，不能只顾批评别人，也要检讨自己。

（3）　寻求心理疏导

我们在前文提到，缺乏心理疏导是导致"受害者心态"蔓延的重要原因。所以，有条件的公司需定期组织心理咨询，没有条件的公司当员工出现以上状态时，可以自寻帮助。

（4）　将"受害者"变成"受益者"

万事万物都是辩证的，关键是看问题的角度。同一件事情，红灯思维者认为自己受到伤害，不愿意沟通；而绿灯思维者则善于接纳，从中找到问题的症结并加以改正，从而快速成长。

例如，做错报表被领导批评，"受害者心态"的人会想："领导自己也不会做，就知道批评人，交代得也不清楚，出了事就知道怪下属，太不负责了，真是小题大做。我要换岗位，换部门。""受益者心态"的人则会想："领导虽然批评得严厉了一点，但这本身就是错在我，要是我做得没有毛病，领导也不会这样批评我。下次遇到这样的事，一定要谨慎一点，把报表多检查几次，也不会太耽误时间，不能再出现这样的问题了。"一般情况下，受益者的进步会很大，容易成长为公司的骨干，而前者的自我放弃，基本上难逃在某个时间点被公司淘汰的命运。

"受害者心态"是一种常见的心理状态，要想缓和或彻底摆脱，建议走出舒适区，培养良好的反思习惯，寻求心理疏导，最终将"受害者"变成"受益者"。一旦战胜自己，你就会成为人生赢家。

精 进 自 测 题

你或你身边的人有"受害者心态"吗？如何自我改变或帮他改变呢？

3.7 经常有同事无缘无故地讥讽我，我需要忍受吗

如何有效处理职场冷暴力

现代社会文明程度越来越高，职场人自我维权意识也较为强烈，在职场上发生打骂的情况比较少见。但是，职场中总是有人会受到冷暴力。例如，职场新人希望老前辈能教教自己，但是老前辈总爱搭不理。

智联招聘调查发现，67%被调查的白领表示曾遭遇过冷暴力，而主要实施

者是领导，其中有近20%的受害者选择黯然离职，60%的人常会有疲惫不堪的感觉，56.2%的人表示自信心严重受挫，53.8%的人表示自己会因此抑郁。

张璟从其他部门调整到A部门后，作为A部门新员工，她尊重老员工、老前辈，做事勤快，平时也经常带点零食给同事，人际关系其乐融融。在一次上级组织的竞赛活动中，张璟以优异的成绩获得了一等奖。当她与大家分享这荣誉时，大家也纷纷祝贺。其后一段时间，张璟发现不对劲，大家对她不冷不热了。张璟有点茫然，心里也比较压抑，不知这是为什么。

从职场新人一路走来，20年的职场生涯让我对类似的现象已见怪不怪了。张璟遭遇的就是典型的职场冷暴力。

因为张璟在竞赛中获奖了，预示她在当年很可能会被评为优秀员工，利益有冲突，同事之间关系自然不和谐了。

职场冷暴力有哪些形式呢？

职场冷暴力，是指领导或同事用非暴力的方式冷落、刺激他人，致使他人心理上感觉压抑、郁闷，甚至受到严重伤害的行为。其具体表现为孤立、穿小鞋、恶意边缘化、讥讽。具体有三种形式。

老员工的冷暴力

职场新人被老员工欺负，在职场中时有发生。除了老员工动辄使唤新人、盗取新员工作成果等显性现象外，我们发现老员工对新人的冷处理情况也较为严重，主要表现为置之不理、不合作、横眉冷对、动辄批评等。为什么部分老员工会这样做呢？无外乎出于三种心理：一是不够自信，担心"长江后浪推前浪，浮事新人换旧人"的情况发生；二是"多年的媳妇熬成婆"的心理；三是认为自己没有义务热情对待新人。如果类似问题得不到有效解决，新员工还有可能转变为对老员工的施暴方。

领导冷暴力

相比老员工的冷暴力，领导因其角色的不同对员工施以冷暴力的伤害将更大，其主要表现为对员工全盘否定，动辄批评，无理由（或找理由）将员工调到边缘岗位，把别人不愿意接手的工作安排给该员工，明里暗里地暗示其离职等。长期以往，将导致员工工作的积极性、主动性下降。

群体性冷暴力

群体性冷暴力是指部分员工自觉抱团，群体冷落、排斥某个人。

以下这些人更容易遭受冷暴力。

- 能力缺失的人。
- 性格特别直爽的人。
- 能力特别强，但不善于交际的人。
- 被领导重视的人，越是受领导重视，越容易受同事冷落。

冷暴力带来的伤害非常明显。

团队方面，冷暴力不仅会造成职场上人际关系恶化，内耗严重，还会影响工作协同。

个人方面，被施暴方工作的积极性被打击，精神受到刺激，如果长期得不到缓解，可能出现离职、抑郁甚至更为严重的情况。

遗憾的是，很多人尚未意识到冷暴力对团队和个人的伤害，没有想到积极主动去改变这种情况。

这里分享四个从冷暴力中突围的方法。

（1）放平心态，降低姿态，主动积极地将工作做好

对于新员工来说，初到一家公司，建议要放低身段、谦虚和气，毕竟新人需要学习的东西很多；同时，老员工也不要摆老资格，否则不但不会赢得尊重，最

终还可能会陷入孤立。

（2） 遭遇冷暴力时，找到症结，解决问题

遇到职场冷暴力时，要想一想问题到底出在哪儿，只有找到问题，才能对症下药。如果确实是对方恶意为之，你可以避开对方的锋芒，做好自己分内的事情，努力工作，把你的能力和成绩展示给领导看，最后当你的职位高于他们的时候，这种冷暴力自然也就化解了；如果问题出在自己身上，如工作不细心给别人带来了麻烦、说话做事缺少分寸等，则需要改变自己。

（3） 敢于对施暴者说"不"，并寻求其他人的支持

职场暴力说到底是一种利益斗争，调岗、离职是一种常见的解决方式，但均属于比较消极的解决方法。

一种比较积极的方式是在遭受冷暴力的时候要大胆沟通，不管可否改变现状，都要表明自己的态度，让对方停止施暴行为，同时寻求其他人的支持。一些人之所以会被冷暴力对待，是因为他们处在孤立无援的状态中。

（4） 放眼大局，清楚自己的方向，恬退隐忍

作为职场人应该明白一点：在职场上业绩代表一切。所以，应对职场冷暴力最强大的武器是尽量把精力放在学习和提升职场能力方面，练就强大的内心，不带情绪去工作，以业绩和能力说话，最终成就自己的人生。

如能做到以上几点，突围职场冷暴力将不算难事。

精 进 自 测 题

在你的职业生涯中，是否遭遇过冷暴力？面对冷暴力，你是如何处理的？

3.8 干啥啥不会，做啥啥不行

职场"小白兔"三招完成自我进化

不知道你身边有没有这样的同事：干啥啥不会，总是麻烦别人，但态度还不错，就是做不出成绩。这就是职场"小白兔"的特征之一。

如果你的团队中有这样的员工，将是团队的灾难。如何避免成为令人厌烦的职场"小白兔"？如果真的遇到了职场"小白兔"，你该如何与他相处呢？

说个我自己认识的同事案例。

王梅平时做事认真，也愿意主动加班，从不抱怨。但领导发现王梅事事请示，请示事项中甚至还包括她职责范围内的事宜。王梅认为自己只要事事请示领导即可，造成领导必须拿出一部分精力来专门处理王梅分内的工作。

王梅就是典型的职场小白兔。

在职场上有各种员工，从能力、成绩和价值观吻合度来看，可以分为五类。

第一类员工：能力强，业绩突出，与公司价值观高度一致。我们把这类人称作"标杆型员工"，也可以叫作"明星型员工"。通常老板会重视这类员工，提供匹配的薪酬和晋升通道。

第二类员工：能力好，业绩突出，但是对公司的价值观认同感较低。这是让老板爱恨交加的一类员工。针对这类员工，老板的原则是能用则用，一旦有更合适的人，就将这类人边缘化。我们把这类人叫作"忐忑型员工"。

第三类员工：能力一般，业绩一般，不认可公司价值观。一旦公司面临变革

或组织调整，这类员工肯定是最先被淘汰的。这类人被称为"淘汰型员工"。

第四类员工：能力一般，业绩一般，认同公司价值观，任劳任怨，有工作安排就干，岗位内工作能基本完成，不指望有担当，但也不算拖后腿。这在任何公司中都是占比最高的一类员工，他们被称为"平庸型员工"。

第五类员工：能力一般，业绩一般，工作态度好，认可公司价值观，偶尔还有点自我批评的精神，但是批评完拒不改正。这类员工叫作"小白兔员工"。

职场小白兔是如何产生的？

了解了职场员工的类型，接下来我们探讨一下为什么职场会出现小白兔类型的员工。总体来说，内因外因都有。

（1） 第一个原因：内因

相信大家身边有这样的人，他们以"躺平"为荣，工作中没有上进心、没有目标。

有人可能因为对生活要求不高，家庭条件也还不错，喜欢追求自我；也有人因为大脑天生的惰性。美国弗吉尼大学心理学教授丹尼尔·T.威林厄姆在《为什么学生不喜欢上学》一书中提出一个观点：人脑是为了逃避成长而设计的。

这位教授还提到："人们喜欢解决问题，但是不喜欢尝试解决不了的问题。"

（2）　第二个原因：外因

除主观原因外，外部环境是滋生职场"小白兔"的温床。

《裂变式创业：无边界组织的失控实践》一书提到环境对于职场小白兔的影响。书中说很多传统公司不忍心裁掉不求上进的老员工，每一个公司老板都面对过这样的两难境地：老员工确实不适合现任岗位，但跟着自己"出生入死"过，在公司中有地位、有威望，一旦裁撤，除了老板自己内心不忍，也容易被其他人非议。

事实上，老板的看法，可视为环境的一种。老板对职场"小白兔"的看法决定了"小白兔"生存空间。

如何避免自己成为职场小白兔

职场小白兔工作不积极主动，无法为公司的长期发展创造利益，是企业管理者选人用人的大忌。那么，如何避免自己成为职场小白兔？

这里和大家分享三条建议。

（1）　摒弃"能力不行态度行"的想法

上级交代的工作，一定要及时完成，除了态度好、人要谦卑，最重要的是要行动起来，如果项目或工作遇到无法解决的难题，不要推卸责任。

如果工作对知识技能层次要求比较高，也不必着急，毕竟无论什么工作，总有一个积累的过程，我们可以向身边的人请教，但不要有依靠思想。

一个方法是，自己不能解决的事情，不要麻烦别人，学会它，然后自己尝试去执行和完善。

另一个方法是，主动学习，弥补自己的短板。例如，若演讲能力较为薄弱，可多研究演讲材料，报名参加演讲课程，主动申请上台演讲训练，积极参加演讲社团活动；若你容易怯场，可以侧重胆气、底气培养；若你文字功底薄弱，可报

名参加写作培训班、阅读写作书籍、模仿佳作动笔写等。迈出改变的第一步，是改变不受欢迎的第一步。

（2） 有意识地提升工作效率

效率低下、拖延症严重等问题是职场"小白兔"特征之一。优秀员工在半天能做完的事，小白兔们往往需几天甚至更长时间才能完成。效率低下、拖延要么是态度出了问题，要么是能力出了问题。

不幸的是，习惯拖延的人会用精雕细琢等理由为自己开脱。任何老板的忍耐都是有限的，一直拖延的人，迟早会被边缘化或者被淘汰。

在工作中给自己施加一点压力，要求自己在规定的时间内完成工作，有意识地提升工作效率，不知不觉中你就可以改掉拖延症。

我的一个下属原来是职场小白兔，在疫情期间一度面临被辞退的风险。我把利害关系告诉他后，他经过自我反思，努力提高工作效率，对领导交代的任务，想办法第一时间完成，最终保住了工作。

（3） 有意识建立正向反馈机制

从某种意义来说，职场小白兔之所以成为小白兔，要么是沟通过度，依赖别人，要么是缺乏沟通。这两者都是非常有害的。

后者因为怯场和缺乏沟通，把自己活成"职场隐形人"，以至于大家忘掉他的存在，也不了解他的工作进展。在此情况下，更谈不上被提拔。

在职场上你需要主动沟通，表达自己的想法，获取信息，让更多人认识到你专业、积极的一面。同时，也要建立正向反馈机制，它包括小目标达成、小目标奖励、得到认可、感受到进步等内容。当然，正向反馈也可以通过自我反省来实现，毕竟反省本身就是认识自我、提升认知的过程。

要想避免成为职场小白兔，你需要不断地改变自己、提升自己，假以时日，定会成为职场不可或缺的人才。

📊 如何对待职场小白兔

首先，实行"双开"策略，即以开发为先导，以开除为补充。

开发：改变小白兔存活环境规则，建立符合团队建设规律的竞争机制，激发员工实现自我价值。开发并非对职场"小白兔"的容忍，而是通过发现问题、优化机制，给予其机会。从某种程度上，正是小白兔的存在，让管理者发现规则的问题，基于此给职场小白兔留个时间窗口来改变未尝不可。

开除：环境改变一段时间后，若职场小白兔仍未有丝毫改变，此刻，淘汰势在必行。

其次，进行岗位调整。对管理者而言，建立人员调岗流动机制，有利于激活员工工作积极性；对个人而言，主动申请更换岗位学习新技能，即便放弃了现岗位既得利益，也总比停滞不前要强上多倍。

再次，避免冲突，尤其是非管理岗的普通员工，要谨防与职场小白兔发生冲突，要保持冷静的态度。因为发生冲突一则浪费精力，二则可能导致你陷入舆论旋涡。

最后，对职场小白兔尽量公开提要求，对他们的管理尽量量化，绝对不可模棱两可，这不仅是对组织负责，也是对员工负责。

精 进 自 测 题

如果你身上有职场小白兔的特征，你愿意改变吗？你将如何去改变？

3.9 只要努力、勤奋就能获得晋升吗

如何摆脱无效勤奋

每次讲课，都会有学员吐槽：为什么自己那么努力，能力也比较强，却一直得不到晋升呢？

事实上，在职场，努力不是晋升的唯一决定因素。

举个例子，我公司有一位员工经常加班，但是他的业绩经常不如准点下班的员工。

还有一位员工对老板无比忠诚，只要是老板说的，他都一丝不苟地去完成。老板在微信中要他提取数据，顺便把格式发给他了，于是他原封不动地把格式复制下来，按这格式去整理数据，但他根本没看出来领导发来的格式是有问题的。他很努力，也很勤奋，加班加点把老板的要求执行下去，但还是出了问题。

仔细分析可知，这两位员工共同存在的问题是在工作中不懂得复盘、反思和总结，对上级交代的工作，不知道变通，只是机械地执行，这是无效勤奋。而那些准时下班的人，善于对工作进行总结，整理出一整套方法论，还能领会上级的意图。

那么，什么是无效勤奋？

首先，疲于应付，工作成效不明显。在职场中，以结果为导向是一种重要的工作理念。有结果的，你努力是有成就的；没有结果的，你再努力，也没有人说你很优秀。在职场中要摒弃没有功劳也有苦劳的思想，要始终记住一点：结果决定你能力，但是过程不完全决定结果。

其次，工作不分主次。任何事物都有主要矛盾和次要矛盾，在一段时间内，一定要抓主线，才能把工作做好，毕竟人的精力是有限的。工作中如果东一榔头西一棒槌，结果很有可能是陷入无效的加班与忙碌。

最后，没有进行复盘，总是做重复性工作。这种情况在很多人身上都存在，我把这叫作机械式的勤奋，缺乏或懒于思考，得过且过，做一天和尚撞一天钟。

这里要强调一点，勤奋、努力从本质上没有错，劳动创造价值，至少能保证我们的工作在一段时间内可以保得住。但是为什么很多努力和勤奋是无效的？

快节奏生活讲究一个词：精准。

真正能干成事的人，做事一定非常精准，在适当时候做适当的事，用最有限的精力做值得做的事，这是最有效的做法。

如何进行精准努力，进而实现职场晋升？

（1） 聚焦目标，找到问题的本质，提升工作效率

这一点合适所有的职场人。有时我们明明很努力，但还是觉得一无所获、身心疲惫，为什么？这是因为做事缺乏目标，没有将精力花在真正重要的事情上。

那么，什么才是真正重要的事？你可以把你的短期、中期和长期目标，以及实现这些目标需要做的事列个清单，然后逐条分析其重要性，并将不重要的事项删掉。

清单删除法，看似笨拙，却是最有效的办法。

（2） 总结，总结，再总结

总结是个好习惯，但是不少职场人不注重总结经验。他们平时也做笔记、会议记录，有时是记在本上，有时是记在电脑中，但是没有一段时间后回顾曾经记录的东西的习惯。

结果可以反馈你的过程是否有效，只有善于从结果中汲取经验，才能不断成长。

（3） 把控工作的主动权

有人说："我大部分时间都是在被动工作。"必须承认，诸如技术、客服等工作存在大量被动行为。但即便如此，也能在工作中发挥自己的主动性。我的一

个员工，做的是客服工作，天天接电话，很被动。但是她工作得非常开心，把所有电话进行分类，有的是咨询，有的是投诉等，对每种类别配置不同的话术，并不断更新这些话术，不仅节约了时间，还提振信心。这就是一个化被动为主动的典型案例。

努力的人，可能会平庸；但精准努力的人，会有不一样的人生。对于职场新人来说，尤其如此。

你是否陷入过无效勤奋？未来你将如何精准努力？

04
Chapter
第四力

靠谱力
——靠谱的人会掌握核心资源，如何打造
你的职场靠谱人设？

2003年，我大学毕业刚满三年，仍然是一名职场新人，担任客户经理职务，平时主要把精力放在如何发展业务和提升能力上，没有过多关注人际关系。

当时我的业务发展得不错，一年12个月至少有8个月是公司第一名，年年被评为优秀。

但是，由于利益相关的人背后使了手段，我遭遇职场滑铁卢，被调离岗位。

离开原岗位后有一次去客户单位拜访，客户单位的领导说了这样一句话："选择你们做这项业务，不是因为你们公司，而是我以这么多年的工作经验判断，你是靠谱的人。把业务交给你，我放心，也好向公司交代。既然你不在这岗位了，明年你们公司与我们合作的业务到期了，我们就不再续约了。"

我再三劝他继续和我们公司合作，毕竟出于职业素养，我不希望公司丢了这个大客户。

1年后，该客户不再续约，造成公司损失惨重，当年的整体业绩不理想。

通过这件事让我明白了一个道理：靠谱在职场上的重要性不亚于稳定的电源设备之于电脑。对于客户来说，不仅要提供适合他们的产品，你的言行举止也必须得靠谱；对于公司上级来说，你如果不够靠谱，就无法把重要的担子交给你。

后来我从县公司被调到市公司，在市公司干了3年后，又被调到省公司。

这就是一个草根职场打工人逆袭的故事。

论能力我未必比别人强很多，但是我一直认为，靠谱力是成就我个人的关键因素。

靠谱力，即让自己成熟起来，做事不拖延、不抱怨，善于识人断事和处理人际关系。

不够成熟，公司的核心资源就与你无关

4.1

如何华丽转身蜕变为职场成熟人

在23年的职场生涯中，我干过市场一线员工，也做过中层、高层等领导。从懵懂的大学生到中年职场人，深刻感受到成熟这个词的重要性。被人评价为"不够成熟"，在职场上无疑是"重型炸弹"。

在职场上，如果你身边的个别人告诉你，你不成熟，还没有到警醒警戒线；但若是决定你前途的人，说你还不成熟，那就有点麻烦了，可能他能决定的资源与你无关了，这时你必须高度重视起来！

成熟有哪些特征呢？为什么大家不喜欢与不成熟的人在一起工作呢？如何华丽转身蜕变为职场成熟人？

分享一个真实案例。

2021年9月，我受邀参加一家公司的内部竞聘会，让我从专业能力角度选拔一名中心负责人。我记得当时参加竞聘的员工有4名，姑且称呼他们为A、B、C、D。

A、B的专业能力非常符合岗位要求，谈吐思路清晰、逻辑有条不紊，C、D弱一点。

这就是要在A、B中做选择。

如果一定要在A和B中选择，我主张选择B，他展现出的能力要强于A，但主办方坚持要选择A。

事后我也好奇选择A的理由。

主办方负责人说，相比能力，他更看重是否成熟。B的能力确实不错，但有一点藏不住话，这在领导看来是一个致命的缺点。

就这样B错过了一次机会。即便B自认为成熟，或者被误会了，这个第一印象会在很长时间内影响他的晋升。

我们不主张给别人贴标签，但是在职场上若你真的被决定你前途的领导贴上不成熟的标签，对未来晋升、成长有害无利。因为成熟是衡量职场人的重要指标。

职场成熟人有哪些特征？

如果你具备以下4个特征中的2个及以上，你的职场成熟度至少能打70分。

📊 特征1：懂得沉默，懂得择机发声

根据美国加利福尼亚州立大学心理学教授古德曼提出的著名的古德曼定律，没有沉默就没有沟通，沉默可以调节说话和听讲的节奏，沉默在谈话中的作用，就相当于零在数学中的作用。尽管是零，却必不可少。

在职场上，勇于表达自己的观点，积极参与讨论，主动向领导汇报工作，这些均为正向行为，这样的行为能帮助你推动工作、增进人际关系，但是并非所有的场合都需要你发声。

谨言慎行并非胆小怕事，而是一种智慧。

在下列场合中，我们都需要谨言慎行。

● 会议中你有不同的意见，先不要急于去驳斥别人，表达自己的情绪。

● 对同事的隐私不要传播。

● 对领导私下交代的事情不要告诉别人。

● 对公司明确规定的保密内容不要当成八卦分享出去。

● 对职场上虽有违反规则但约定成俗的事情不要在公开场合传播和讨论。

……

保持沉默，既是一种自我保护，也是对同事的尊重，更是人际关系中赢得信任的一种方式。

📊 特征2：情绪控制力强

你可以问问身边的人，谁愿意与情绪化的同事共事？肯定没有。因为谁也不愿意身边有一个不定时炸弹。

若办公室中有同事突然发脾气，你会有怎样感受？

遇事时，用剧烈情绪解决问题并无益处。

举个例子：若你没有被评选为年度优秀，你到上级办公室吵上一架，真的会有用吗？或许你觉得你在表达你的想法，但他人不会这样想。有理不在声高。"会哭的孩子有奶吃"并不适用于所有场合。

这时建议冷静下来，自我反省，适时与领导谈谈自己的想法，了解他对自己的看法，对症下药才是重点。若是工作方面存在不足之处，就及时调整和改进，主动与上级进行沟通，拉近双方认知的距离。

📊 特征3：懂得分配利益

懂得分配利益是职场人应有的成熟之处。在合作初期蛋糕还没有做大的情况下，一定要先与你的合伙伙伴一起把蛋糕做大，专注于事，而不是一开始就争权夺利，后者是一种愚蠢、不成熟的行为。

"股神"巴菲特的黄金搭档查理·芒格说过，"在大多数情况下，要说服一个人，从这个人的利益出发最有效。"

如何提升你的职场成熟度？让更多人认可自己，获得更多资源和晋升机会呢？

做好如下三个动作。

第一个动作：勇于承担责任

金无足赤，人无完人。我们不可能做每一件事都是完美的，再老练的员工也会犯一定的错误，导致工作出现一些失误。但我们要直视错误，勇于承担责任，只有这样才有力量主宰自己事业的方向。

有一次，同事陈万把统计数据发给其上级王涛审核和汇总，王涛未经审核就发出去。当王涛发现数据出错的时候，实际上还是有挽救的机会，比如收回报表或者再发一份报表的纠正说明，但是他因为担心被领导批评，事后一直隐瞒着这件事情。

领导发现数据错误后非常生气，把王涛叫到办公室批评，而王涛极力为自己辩解。

领导本无追究责任的想法，只是希望王涛下次做好审核工作，借助这件事长长记性。王涛的辩解让领导颇感失望，感觉王涛不太成熟，于是在年度晋升时他把王涛给刷掉了。这便是不敢承担责任惹的祸。

第二个动作：学会感恩

学会说谢谢、对不起、打扰了、辛苦了。

我们发现，有的员工认为其他同事配合自己把工作完成是分内的事，一副公事公办的样子。领导对员工，也存在类似情况，认为给下属安排工作，是领导应有的权力。在安排工作时给员工施加压力，不停地催促下属赶进度，在下班时间给下属打电话。在他看来，下属手机应24小时为工作而开。

他们不知道，在职场上，职责之外还有尊重包容等更重要的品质。

举个例子，一位北京的同事，每次打电话给我，都会说几句让人听了特别温暖的话——你现在方便吗？不好意思，打扰到你了。

他在邮件中总是写到下面这些话。

● "谢谢你支持我的工作，来信我已仔细看过，考虑得不错。"

● "来信已收到，辛苦了，祝好。"

● "谢谢你及时上报材料，这是对我工作极大的支持。"

......

对可能打扰别人表达歉意，对别人的辛苦释放善意。实际上，作为上级他完全没有必要如此客气。但是，他的选择让与他接触的人更愿意与他交往。

所以，对别人的帮助要及时表达感谢，打扰别人说声对不起，给下属安排工作时说一声辛苦了。区区几句话，却能让人倍感温暖。

第三个动作：保持良好的心态

与别人比较、竞争，甚至使绊子是很多人奉行的职场准则。

这些损人不利己的行为是短视的，但这世间的一些人根本无法窥得此中真谛，只看眼前路，不看未来种。

殊不知，竞争的本义是提升自己，而不是打压别人。暗暗发愤图强没有关系，那些不必要的比较，把自己搞成负面典型，真的没有必要。

保持心理界限，是与人相处最基本的修养，也是维持一段良好关系的基石。心理界限，顾名思义，就是人们在心理上能够接受的极限。虽然它看不见，摸不着，但能让你实际感受到。如果有人越过了你的"界限"，你的心里就会感到不舒服。你不愿意参加聚会，但同事反复邀请你，最后，你被迫参加了，心里会乐意吗？

经常越界的人，其实是非常不成熟的。例如，你在不了解对方的情况下，过于亲密也不是一个成熟的行为。

不成熟的人总会认为自己可以搞定一切，实则眼高手低、无所作为。找一份满意的工作并坚持做下去，吃得了苦，受得了委屈，经得住落差，才能在这荆棘遍地的职场丛林中立得住脚。

　　精　进　自　测　题

　　　对于"成熟的人可以谈利益，可以建立利益共同体，但不成熟的人只谈情绪"这句话，你是如何理解的？

4.2 领导评价员工不靠谱，员工失去了难得的晋升机会

如何成为事事有回音的靠谱员工

王源，工龄5年，算是一家民营公司的老员工了，做事谈不上优秀，但至少中规中矩。2022年，在一次部门负责人竞聘中，王源的直接领导在评语中提到王源不太靠谱，让他失去了一次晋升机会。

原来，这位领导安排给王源的几件紧急工作，王源都没有在规定时间内完成。领导很失望，认为他无法寄予厚望。

毫无疑问，"靠谱"已变成职场软实力之一。入职后或者加入一个新的部门，领导和你便进入相互观察、相互打标签的状态。

领导给员工的评价通常如下。

● 此人可用/此人不可用。

● 此人有能力/此人没有能力。

● 此人靠谱/此人不靠谱。

……

而员工给领导的评价可能如下。

● 此人可追随/此人不可追随。

● 此人格局不错/此人格局小。

● 此人不太好糊弄/此人比较好糊弄。

……

大部分情况下员工无法选择分管领导，但是领导可以选择下属。

领导在选择下属时，通常比较注重以下三个方面的品质。

● 能力。所谓位能匹配，即该员工的能力与其岗位要求是否匹配。

● 工作态度。工作是否积极主动？是否谦逊踏实？是否尊重领导、团结同事？

● 忠诚度。忠诚度分为对公司的忠诚度、对领导的忠诚度，而若在两者之间取舍，领导更倾向于后者。对公司再忠诚但对领导不忠诚的员工，于他而言也是定时炸弹。

能力、工作态度、忠诚度三要素，都与靠谱相关。靠谱的人可能会暂时吃亏，但有机会获得更多资源，比如领导的指点、外出谈判的机会或者接手重要项目。

靠谱就等于资源。

领导选择靠谱的员工为培养对象，方便管理是一方面，更主要是为了能产生业绩。

如果领导认为你并非一名靠谱的员工，相信你在年度考评、核心项目上也争取不到比较好的机会。既然靠谱对一个人那么重要，如何才能把自己锻炼成靠谱的员工？这里有三点建议。

（1）　让自己成为专业人士

要想在职场上实现晋升、赢得别人的尊重，归根结底是你要有过硬的专业能力。这不是善于左右逢源的专业，更不是善于溜须拍马的灵活，而是面对问题时你能诊断原因，给出专业的意见，快速拿出解决方案，提供决策依据。

有一位员工负责销售工作，年度考评被评为称职。他愤然找到直管领导，表示自己工作认真负责，为什么只是称职？

领导于是问他："你告诉我，你这个岗位中面临的问题是什么？"这位员工一时愣在那里，竟未答出领导的问题。

事实上，能对自己的岗位工作熟悉并胜任，算是合格；能找到岗位存在的问题并加以优化和解决，才是优秀。

这时，领导为他分析了工作中存在的问题及下一步的优化方案。见领导说得头头是道，而自己作为负责人员竟然不了解，他心里不禁有点惭愧。这位领导接着说："我有10名下属，负责10个方面的工作，你用100%的精力还未搞清楚的事，我用1/10的时间就搞清楚了，只能说明你不专业，评为称职已经是给你机会了。"

（2） 要有担当

奥地利心理学家维克多·弗兰克尔曾说过：每个人都被生命询问，而他只有用自己的生命才能回答此问题；只有以"负责"来答复生命。

因此，"有担当"是人重要的品质之一。现实中，如果你遇到"遇事能躲则躲、遇功能抢则抢、遇难能推则推"的人，你愿意把工作托付给他吗？担当是敢于负责，说到做到，对自己分内的事不推诿、不回避。犯错时，不隐瞒，敢承认，敢面对。

（3） 善于为自己"打Call"

有一句话说：不仅要低头走路，还要抬头看天，不仅要会做，还要会说。低头走路、会做是根本，是踏实；而抬头看天、会说，把自己最好的一面展示出来，能够帮助你在职场上少走弯路。

如何为自己"打Call"？

一是包装自己，打造个人品牌。包装的方式有很多种，比如发表论文、出版图书、成为兼职讲师、积极参与团队内部分享、参加公司组织的竞赛等，自我展示不仅是赢得赏识不可或缺的一环，而且能让你快速成长。

二是寻找核心伙伴为自己背书。他是相信你、赏识你、愿为你投入资源的"伯乐"。他简单的一句话，或许能帮助你打开成功的大门。

专业素养和工作能力，是你在职场立足的根本。懂得担当，是你对待这个世界的态度，凸显人格魅力的关键点；而善于为自己"打Call"是基于以上两点的自我升华。这就是我心中的靠谱职场人。

如此，靠谱会成为你的标签，你的职场之路将畅通无阻。

┌───┐

精 进 自 测 题

　　若被上级评价为不靠谱，以前的你会怎么办？沮丧还是去为自己辩解？
现在你会怎么办？

└───┘

4.3 不到最后一刻，绝不动手工作

别让拖延症毁掉你

　　无论在职场还是生活中，我们总会遇到一些有严重拖延症的人，不到最后一刻，绝不动手工作，领导不推他不动。

　　拖延症后果很严重，可能会毁掉你，要想有所成就，必须克服拖延症，哪怕症状缓解也能让你更好地成长。那么，哪些人容易拖延？为什么会产生拖延症？如何克服拖延症？

　　先看一组数据。

　　一家权威公司对职场拖延症的调查结果显示：86%的人声称自己有拖延症问题；50%的人表示工作不拖到最后一刻，自己绝对不会开始动手；13%的人认为工作不拖到领导催绝不会完成；仅有18%的职场人表示自己较少会有拖延症。

　　那么，为什么会有"拖延症"？哪些人容易拖延？

　　生理原因可能引发拖延症发生。心理学研究发现，人类大脑的脑前额叶负责大脑的认知、情绪和行为管理，也就是说这个脑区相当于一个过滤器，可以减少来自其他脑区的刺激而造成的分心。如果这个脑区受损或者不活跃，大脑过滤干扰的能力将会降低，从而导致注意力分散，处理事情的组织能力和管理能力变差，最终导致拖延症加重。

有五类人群容易触发拖延症。

（1）　完美主义者

我们身边不乏完美主义者，随手就能列举他们做事的特点：纠结，犹豫，喜欢反复斟酌，在动手操作前先把流程、方向想透彻。

完美主义者的性格有利有弊。完美主义者对数字敏感，财经、科研等对质量要求极高的工作是他们的职业首选，而并非所有职业都适合完美主义者，比如对时效要求较高的工作，如过于追求完美一定会耽误正常流程。

（2）　固定型思维者

固定型思维者害怕改变和失败，对工作能力不自信，对任务能躲则躲、能拖则拖，喜欢找借口，比如：

"虽然这是我职责内的工作，但是领导没有强调嘛。"

"其他同事没有干，我也没有必要干，干了就是冒头，犯不着嘛。"

"他们配合得很糟糕，干脆我也不做，等他们做完我再做吧。"

……

有这种思维的人，迟早会被职场淘汰。

（3）　能力不足

能力不足可以分两个层面去理解：一是因人能力不足；二是工作安排本身就有问题，已超出个人的能力范畴。美国南康涅狄格州立大学心理系教授詹姆斯·马则认为，当一个人同时面对两个任务时，他往往宁愿选择次要的那一个，即使那项任务更烦琐艰难，但拖延能带给他愉悦感。

人们总是愿意优先做可以掌控、驾驭的事情，拖延那些搞不定、超出能力范围的事。

另外，工作不饱和的人，易产生无所事事的状态，进而引发懒散的行为习惯，而懒散的行为习惯为拖延症提供了土壤。

（4）　被边缘化的人

一名员工一旦被边缘化，则易造成心态失衡。这样失去目标的工作状态进而会引发自卑心理，表现为破罐子破摔、对工作不上心、懒散、拖延症等。

（5）　心理不健康之人

一筐桃子里总会有个别烂桃，职场上总会有个别"小人"。"小人"心理状态异常，其心思不在工作上，而是聚焦人际关系，嫉妒贤能，见不得别人好，拖延症是必然的。

以上是易发拖延症的五类人，而不易或不会产生拖延行为的人主要包括管理者、自律者。管理者的职位决定了几乎没有拖延的机会，一个流程流转到他那里，一般情况下他会在规定时间内完成此项工作，因为大家在观望他，如果出现问题，不仅耽误工作，还会影响管理权威。自律者自发的主动性可以让拖延症无处可逃。

如何告别拖延症？

虽然拖延症不算大毛病，但如果你想要在职场中大放异彩，必须得想办法告别拖延症。下面是克服拖延症的四个方法。

方法1：借助外力

如果自己搞不定，就借助外力来督促你。

比如有拖延症的人工作缺乏计划性，或者计划缺乏可执行性，这是操作层面方法论的问题。借助外力即可强化执行能力，必须从制订更加具体的计划做起。在缺乏自律的情况下，可以寻求朋友的帮助，相互监督，共同改变拖延症现状。

花钱买"监督"也是一种借助外力的方式。现在市场上越来越多提供"监督服务"的网店涌现。从普通消息监督到视频监督，不同的监督形式价格不等。

方法2：减少干扰

我们中很多人的拖延症问题是从无法控制和抵制干扰开始的。

微信、抖音、网页、游戏还有手机上的App也是拖延症的推手。但事有两面，如果能管理好注意力，娱乐有度，这些东西不仅不会干扰你的工作，反而可以让你从中找到学习资料、工作灵感，不断丰富自己。如此，手机将不再是你的干扰器，而是成长助手。

方法3：利用7秒钟原则

当意识到你有拖延症且已严重影响你的成长、职业和财富时，建议数到7秒，马上改变。

- 如果你在赖床中，那么7秒后立马穿衣起床。
- 如果你在刷抖音，那么7秒后立马放下手机去学习、工作。
- 如果你在微信上闲聊，那么放下手机，7秒后立马打开文档，把紧急和重要的工作给安排上。

……

以上的做法绝对不在舒适区，但它可以促成好习惯的养成，让我们在职场更有竞争力。

方法4：做好时间管理

前文说过，无所事事会带来拖延症。做好时间管理，让自己忙碌起来，改变无所事事的状态，正是改变拖延症的重要方法，比如规划旅游、制订并执行读书计划、每月看1～2部电影、参加社团活动等。

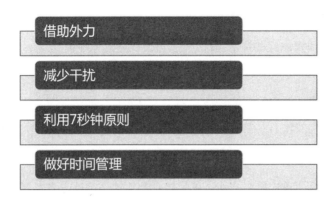

目前，网络上关于克服拖延症的方法非常多，建议找到适合自己的，并坚持下去。我们要给自己设定底线原则，大部分人的岗位都是"流水线"上的一环，拖延一定不能影响团队的工作进度，要优先处理影响团队的工作事项。

精 进 自 测 题

若你有拖延症，你打算如何改变自己？请你制订一个行动计划。

大多数成年人，心理水平仍旧是"大号婴儿"

4.4　如何避免成为职场巨婴

你身边有没有这样的人：心智非常幼稚，被批评就感觉世界崩塌了，每次有

不开心的事就到处抱怨，要求公平对待。

心理咨询师武志红曾说："大多数成年人，心理水平是婴儿，我们都是'大号婴儿'。"我们姑且把这类人叫作"职场巨婴"。这类群体有哪些特征呢？如何避免成为"职场巨婴"呢？

一位学员告诉我一个案例。

学员的公司来了一位新人，姑且叫A吧。A入职不到半年，工作能力一般，工作态度不认真，多次发生工作失误，领导严肃批评了她，要求她改正错误，下不为例。

A从小在父母的宠爱下长大，父母从来没有舍得批评她，到这公司不到一个月，就被批评得体无完肤。A越想越生气，感觉自己的世界崩塌了，现场泪目，给闺密发信息，抱怨正在遭受的不公正待遇。

她反复向领导抗议，表示自己已经努力了，没有结果、出了问题，为什么责任在她？带她的老员工也有问题，领导的安排有问题，领导不该批评她一个人，诸如此类。

此后很长一段时间里，A一直沉浸在抱怨、伤心的情绪中不能自拔。

这位姑娘的抱怨、幼稚就是典型的"职场巨婴"表现。

接下来，我们聊聊职场巨婴的特征，以便于我们快速自我诊断、识别身边的同事，进而进行自我调整和改善人际关系。

职场巨婴主要有三个特征：能力弱、自溺爱、缺乏责任感。

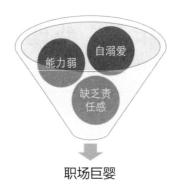

职场巨婴

（1）　能力弱

他们中有很多人一直在享受长辈的爱，被保护得很好，缺乏独自解决问题的能力，具体表现为：

- 不愿意主动担当责任；
- 在执行工作和项目时马虎大意；
- 在工作中缺少正向反馈，不愿意主动反馈工作进展；
- 从自我出发，不考虑参与项目的其他同事的想法，不为其他环节的同事预留时间，不考虑其他同事的现实情况；

……

能力是从实践中来的，"衣来伸手，饭来张口"的人无法得到锻炼，解决问题的能力自然较弱。他们在认知上享受这样的状态，并未把精力放在如何提升工作效率、如何解决问题上，以为公司的领导会像父母和其他长辈一样疼爱、包容自己，并帮助自己解决各种问题。这样的人最容易在职场中被淘汰。

（2）　"自溺爱"

所谓的"自溺爱"是指成人的心理状态还停留在婴儿状态，自己溺爱自己。

个体心理学认为，弱小的东西是最强大的。

例如，婴儿就因为自己的弱小，可以支配别人，而不受别人的支配。

进入职场后，职场巨婴自然不能像在家庭中那样享受各种服务和照顾，可他们却认为别人理应对自己好。

于是，他们会在内心营造"自溺爱"的心理状态，从而延续"被溺爱"的感觉。

他们常常认为自己的观点是对的，提出的建议应该被采纳，麻烦别人的事应被实施，别人应该为自己服务（没有实现从家庭到工作的切换）。

他们对别人的反应是这样的：一旦别人做出不满足自己预期的事，极有可能产生不高兴等情绪波动，把责任怪罪到身边的人身上。

当你发现有人用下面的方式跟你说话时，他/她就符合"自溺爱"的特征：

● 这太难了，我不懂嘛；

● 我没有接触这块，你帮我做一下吧；

● 大家都说你是高手，你就不能多承担一点吗？

……

事实上，他们麻烦别人的那些工作，并不算难事，完全可以自己完成。他们之所以找别人帮忙，是因为如婴儿一般享受指使别人的满足感。

（3） 缺乏责任感

职场巨婴的"自溺爱"心态会影响一个人的工作态度和处世方式，具体表现为：一旦发生问题，他们的第一反应是找"背锅侠"，眼光向外，从无自省。长此以往，将没有人愿意与他们合作，将没有人愿意信任他们，人际关系差，职场生存环境也急速恶化。

奥地利心理学家阿尔弗雷德·阿德勒评价过这类人："他们解决人生问题的时候，只求个人胜利，一点也不会注意社会的利益。"

他们的个人胜利是找到理由为自己推脱，因为他们的工作重点不在于解决问题，而在于如何推掉工作、推掉责任，享受成果。

要知道，职场与家庭是两个迥异的场所，没有领导会毫无底线地容忍推卸责任的行为。

如何避免成为"职场巨婴"？

职场"巨婴"不仅在消耗自己，也在消耗别人。认识到自己是巨婴，很难，但是这个问题也不是不能解决的。这里和大家分享三个解决这个问题的方法。

（1） 杜绝"自溺爱"，及时转换身份，进入"自成长"状态

要想不被其他同事认为你是一个幼稚、不好合作的"巨婴"，必须认识到职场不是你的家，这里的"家长"是有底线的，这里的"家长"考核的不是亲情，

也不是友情，而是你的工作能力。如果你三番五次无法完成公司安排的任务，或者已完成的任务总有这样那样的瑕疵，他们不会一次又一次地原谅你，所以，你要尽快完成身份转换，进入"自成长"状态，遇到问题时不要依赖别人，要主动去寻找解决方法，主动承担工作，并在工作总结中不断查漏补缺，提升自己的工作能力。

（2）　建立心理契约

心理契约是由美国著名心理学家施恩教授提出的。他认为，心理契约是"个人将有所奉献与组织欲望有所获取之间，以及组织将针对个人期望收获而有所提供的一种配合"。这句话有点不太好理解，通俗来说就是，员工与公司之间要建立一种契约，而员工对组织的强烈归属感和对工作的高度投入是契约的基础。

（3）　做行动派，提高工作效率

要想解决"职场巨婴"的问题，除了调整心态，最为关键的做法是立马行动起来，具体包括以下做法。

- 列好工作清单，有步骤地高效完成，如果需要他人协助要提前打好招呼，给别人预留时间。
- 要有轻重缓急的意识，根据工作的轻重缓急，合理安排工作的优先顺序。
- 出现问题时要第一时间上报和解决，不要让别人为你的工作承担责任。
- 尽量独立思考问题，提出自己的想法。
- 做行动派，不搞花架子，唯有敬业、专业和能力才是你在职场上立于不败之地的永恒法宝。

做到以上三点，并坚持下去，相信你就会摆脱巨婴思维，实现自我成长。

另外，还有一个问题，如果你身边有人是"巨婴"，你应该如何对待呢？两个建议：一个是用平和的心态对待他，每个人的成长环境不一样，处世方式也不一样，能帮就帮，不能帮也不要勉强自己；另一个是尽量减少合作，一个人改变

自我的难度较大，在条件许可的情况下尽量避免合作，也是减少自己职场阻力的一种方式。

精 进 自 测 题

你身边有职场巨婴吗？你打算如何改进与他们的相处方式？

4.5 加了很多好友，能"落地"的人脉却微乎其微

如何搭建有效职场圈

初入职场，对未来充满期待，希望能快速结识几个好朋友，抱团取暖，扩展自己的人脉关系，是职场新人普遍的心态。

那么，什么是有效的人脉关系？认识的人多算人脉关系广吗？建立人脉关系能帮助自己做些什么呢？职场圈子真的那么重要吗？进入职场圈子是为了人脉还是人脉带来的信息传递？什么是有效的人脉？

我们先看看对职场的人脉关系有哪些认知误区。

第一，认为加了微信、参加过聚会、喝过小酒就是人脉。

第二，认为与领导合过影，与名人见过面，甚至被指点过，就算是人脉。

《清醒思考的策略：做正确的事，把事做正确》一书中提到"不要再像小丑一样，只顾炫耀自己的成功传奇，也不要再靠高攀名人来抬高自己的身价。哪怕刚刚教皇私下接见了你，也没有什么大不了的。你可以为此感到高兴，但请不要把你们的照片挂在客厅中"。你加了名人的微信、与他们合过影、有偶尔一次的聚会，这些都不能算什么。要知道，有互惠关系的人脉才是有效的人脉。

遗憾的是，以上的误区浪费了职场人的时间，让他们走了不少弯路，甚至带来一些无法预料的麻烦。那么，到底什么样的职场人脉才是有效的？我们认为有效的人脉有以下三大特征。

特征1：互惠

为什么职场新人容易形成小圈子？他们容易建立攻守同盟，在"门当户对"的情况下，"安全系数"要高很多，基本相同的起跑线成为他们互惠的基础。在社交关系中，如果你一直扮演的是索取者的角色，没有真正的利益交换，那你们之间的关系会很不牢固，且难以长久。

特征2：时效

人脉是有时效的，在不同的阶段接触的职场圈子是不一样的，未进行有效维持的职场圈不会长久。实际上人脉的维持比组建更加困难，认识一个人或者一群人相对比较容易，但之后的相互熟悉、认可，再形成一个共同体，需要你投入大量精力。

特征3：弱连接

根据美国社会学家马克·格兰诺维特提出的"弱关系"理论，大部分人未能通过关系紧密的亲朋好友（强连接）的介绍找到工作，而是靠交情甚浅的人（弱连接）找到了新工作。他的这个发现颠覆了人们对人际关系的固有认知，轰动一时。他认为，根据人与人之间的互动频率，人际关系分为强连接和弱连接。其中，强连接最有可能是你的父母、直系亲属、工作搭档、合作密切的客户等；而弱连接可以是同学、朋友，甚至是点头之交的人，平时互动的机会较少，可能因为别人介绍、兴趣圈子、出差、偶遇等方式而构建连接。对于大部分人而言，其一生的强连接约30个，弱连接约120个。弱连接的有效性大于强连接，这是因为弱连接的信息传递广，而强连接的人少、资源有限，还都是与自己差不多思想层次之人。从这个角度来说，弱连接和强连接的关键区别在于信息传递的多寡。

基于以上观点，分享三条建议帮助你打造有效的职场圈。

（1）要雪中送炭

判别职场圈中人脉有效与否的关键在于他对你是雪中送炭，还是锦上添花？雪中送炭难，锦上添花易，前者值得交往，后者未必值得。阿尔弗雷德·阿德勒认为："一个人处于顺境的时候，他的生活风格我们是很难看清楚的，但是到了新的环境里面，遇到了困难，他的生活风格便很容易被识别出来。"只有在逆境中才能看出一个人的能力。当然，任何事物都是相互的。人脉是一种交换的关系，你之前的付出是交换，现在的收取也是一种交换。所以，本质上人脉是在你需要帮助时能雪中送炭、助你成长、帮你渡过难关的人！

（2） 与人交往要善于平衡利益

这里的利益可以理解为相互帮助、资源互换，而不是尔虞我诈。如果一个人把精力放在尔虞我诈上，人际交往中功利性太强，圈子只会越来越小。一定要记住，利益建立在真诚、友善和互利的基础上，最终实现共同的提升和成长。

（3） 充分利用弱连接人脉

趋利避害是人的本性。人都不希望身边的人过于优秀而显得自己过于平庸。所以，在职场上，再好的关系也经不住嫉妒心捣乱。你要被提拔了，迎接你的可能不是祝福，而是被举报。而弱连接则完全没有这个担心。了解你的人未必是可以帮助你的人，而弱连接存在广泛的信息传递基础，能带来更多的机会。

4.6 抓好几个关键时间段，让自己更受欢迎

新人高效成长秘诀就藏在四个时间段里

近三年，我面试的应聘者远远超过2000位，其中有应届毕业生，有上一家公司效益不好倒闭减员的，也有希望更上一层楼获得更好机会的。

被录用后，不管是原来岗位的老员工，还是新入职场的新员工，在新公司的起点都是一样的，都可以被看作新人。

他们中有的人很快脱颖而出，有的过了试用期依旧还是"透明人"。新人要有新人的觉悟，比如好好表现，把工作做扎实，这些都是基本功，还有一个容易被很多人忽略的就是，你在职场中几个关键时间段里的行为能成为你的加分项。

📊 第一个时间管理法则：早到半小时

在职场上，迟到是很没有职业素养的行为。

再者上班掐着点的员工，自以为这是守时，其实不然，在有的领导的眼中，这代表你并不重视这份工作。

千万不要小瞧工作开始前的这半小时，等到了上班时间，你倒杯水、上个厕所，再闲聊几句，坐下来喘口气，至少要花半小时的时间，等于你当天的工作延迟了半小时。

但是，如果你提前半小时到公司，做好上班前的一些工作准备，做好当天的工作安排，提前整理好办公桌卫生，你表现得一定比那些准时到的人要好得多。

除了上班早到，参加会议也一定要早到。

要是本次会议需要调试设备，要注意预留足够的时间，即便有专人负责调试设备，也要及时去刷一下"存在感"。

参会时还要提前了解会议流程，以便让自己更好地讨论会议所要讨论的问题，提高会议效率。如果本人仅是参会人员，也不要掐点到会场，提前5～15分钟也是有必要的。会议组织者对早到的员工是有好感的。在会议组织者看来，早到是对会议的重视，是对他们的一种尊重。对于领导来说，有人掐点到，有人迟到，有人早到，有了对比，就有了区分；有了区分，就有了判断。

千万别认为这是溜须拍马。严格来说，这是职业素养的一种体现。把掐点到或迟到当成家常便饭，是领导无法容忍的工作风气。

如果迟到确实有原因，一定要向你的领导报告原因。如果预知会迟到，要提前通过微信或电话方式汇报下，征得理解，实话实说，谎言容易被拆穿。然后以最快的速度回到岗位，开始工作。有时候上级先要的是态度，其次才是能力。

📊 第二个时间管理法则：迟一点吃饭，收获会更多

试想12:00整，到了午餐时间，你身边的同事第一个去了食堂，领导恰好这

时到办公室想找这个人，有同事说他去吃饭了，领导会怎么想？

到了吃饭时间去吃饭，没有占用上班时间，符合公司的规定。

可你要记住，符合公司规定的事，未必符合领导的预期。

所以，建议不要第一个走出办公室奔向食堂，适当等工作完成得差不多了再去，而不是立即停下工作去吃饭；尽量与同事一起去就餐。对于新人来说，就餐时的氛围轻松自由，了解公司事务顺其自然，能给你带来意想不到的收获。

📈 第三个时间管理法则：下班了，适当晚走

读到这里，大家可能会认为：上班要早到，吃饭和下班又要晚一点，这不是延长了上班时间嘛。事实上，没有付出哪有收获？这些关键时间点带来的收获远远高于你的付出。

你知道吗？当领导发现你准时下班，尤其是你还没有完成当天应该完成的工作时，他会怎么想？

此外，下班前关掉窗户和饮水机等，可以给人留下你非常用心和细心的印象。

📈 第四个时间管理法则：适当加班

这里问你一个问题：如果你手边有一件未完成的工作，比较重要，领导也比较着急，你会怎么办？

你是选择拖到下一个工作日，还是加班处理完毕？暂不论上级的态度，工作不拖拉不仅是员工的工作职责，更是学习、能力的提升，恰是这样的提升能让自己成长起来。

下班后的时间属于私人的时间，但是作为职场人，尤其是新人，要想快速融入团队，了解公司的业务情况，不用点心，可能无法做到快速了解业务。

毕竟优秀者是少数，要想逆袭到"塔尖"，必须提升自己的实力。

从时间回报率来看，每天多用一个小时思考和复盘工作，就会从工作中得到更大的收获。

时间回报率顾名思义，就是衡量在有限的时间内获得回报的多少的数据。职场上，前5年一般用时间换经验、经历和位置，随后就是用换来的东西节约时间，不同阶段的要求是完全不同的。实践证明，在新人阶段投入的精力是可以带来高回报的。

此外，加班还能显示一个人的格局。少一点计较，看起来吃亏，实际上得到的可能会更多，最起码你学到的东西是自己的。

在一个新的环境中，更需要做好时间管理，在最有限的时间内，做到效率最大化，才能在竞争激烈的职场中脱颖而出。

对于一到饭点就冲出办公室吃饭的员工，你有何评价？

05
Chapter
第五力

学习力
——你具备在职场中持续成长的条件吗?

出了学校，还需要学习吗？当然需要。

玩手机、吃美食、畅享人生不香吗？

当然香，但是绝大部分职场人，都得不断提升职场核心竞争力。

那么，如何提升职场核心竞争力？唯有持续学习一途。

在这个知识快速迭代的时代，你需要不断更新自己的知识、改进自身知识结构，才能使自己在职场上始终立于不败之地。

5.1 不学习的人无法适应职场

如何提升职场学习效率，让学习成为职场助力器

应聘中，当面试官问你所应聘岗位相关的专业问题时，你整个人都蒙了；当在会议上需要发言时，总有一种"书到用时方恨少"的感觉，怎么办？

这就是没有持续学习的后果。

持续地学习一定会拉开你和他人的距离。

众所周知，学习是一辈子的事，这句话有两层意思：一是学习对人们成长非常重要，二是学习是一件困难的事。

随着年龄的增长，我真切地感觉到遗忘变得越来越严重，已经严重影响到生活和工作了。

例如，刚看过的资料用不了多久就忘得差不多了；上周学习的知识点怎么也想不起来；到领导那儿汇报工作，突然忘了之前精心准备的内容；受邀到台上发言，已准备好脱稿的我竟然忘词了……

以下两个著名的心理学案例将告诉你容易遗忘的真相。

案例1：遗忘曲线

德国心理学家赫尔曼·艾宾浩斯研究发现，大脑对新事物的遗忘是必然的，遗忘的速度为先快后慢。通常学习一天以后如果不复习，只剩下原来记忆内容的33%；而随着时间的推移，在不断复习的情况下，遗忘的速度会逐渐减慢，最终可以将学习知识牢固地储存在大脑中，形成稳定的知识储备。

与彼得·德鲁克齐名的管理大师肯·布兰佳博士对人体大脑的遗忘速度情况更加悲观，他在全球畅销书《知道做到》中提到：事实上，研讨班结束24小时之后，人们会忘记一半自己学过的东西。而1个月之后，他们所能记得的新知识就不到5%了。

艾宾浩斯和肯·布兰佳两位大师对"学了忘"的情况，持有"存在即为合理"的态度，并给了了改进建议。

艾宾浩斯认为，学习要勤于复习，而且记忆的理解效果越好，遗忘得也越慢。

肯·布兰佳建议：第一，坚持记笔记；第二，24小时之内重读笔记，总结那些让自己"啊哈"一声（即有恍然大悟的感觉）的东西，或者是一些重要的理念；第三，把自己学到的知识传授给别人，要想开始应用新知识，最好的途径就是把它传授给别人。

无独有偶，还有一个著名的心理学实验研究结果——学习金字塔，也验证了以上结论。

案例2：学习金字塔

学习金字塔最早是由美国学者、著名的学习专家埃德加·戴尔于1946年发现并提出的。学习金字塔用数字形式形象显示了采用不同的学习方式，学习者在两周以后还能记住内容（平均学习留存率）的多少，它是一种现代学习理论。

第一种学习方式："听讲"。"听讲"的学习方式停留在塔尖，是我们最熟悉的、最常用的方式。具体是老师在上面讲，大家在下面听，这样的学习方式效果是最低的，两周以后学习的内容只能留下5%。举个例子，我们听书、听别人说内容，如果仅仅是听，而不积极加入进去，甚至未曾思考，不用多久，所听到的大部分内容将遗忘殆尽。有人樊登读书（后改名帆书）App上留言说，自己听过了这本书，但实在想不起樊登老师讲了什么内容。于是，他又重新听了一次。

很多人意识到，听书在学习成长中看似捷径，但是如果没有转化为输出，就是一种无效努力，也是对时间的一种浪费。这是最低层级的学习方式。

第二种学习方式："阅读"，平均学习留存率是10%。

第三种学习方式："视听"，即通过"声音+图片"的方式学习，平均学习留存率为20%。

第四种学习方式："演示"，平均学习留存率是30%。

前四种方式的平均学习留存率都低于30%。在研究人员看来，这些方式均属于个人学习或被动学习范畴。

第五种学习方式："讨论"，平均学习留存率为50%，较"演示"更进一步。研究表明，这种学习方式的效果更好，尤其适用于学校课堂和成人培训。从第四种学习方式到第五种学习方式实现了从量变到质变，效率提升了20%。

第六种学习方式："实践"，平均学习留存率为75%。记住，实践学习不是坐而论道，而是学以致用，知行合一。

第七种学习方式："教授给他人"，平均学习留存率是90%。

此外，彼得·布朗等人在其所著的《认知天性：让学习轻而易举的心理学规律》一书中也阐述了类似观点：学习越轻松，效果越不好，只有经过努力的学习，才能记忆深刻。

人脑是懒惰的，这是出现"学了忘"的生理原因，但是其核心原因是未能使用更好的方法。

如何提升职场学习效率？

基于以上的判断，结合职场实际情况，对职场学习有四点建议。

（1）　不断强化垂直领域的知识点获取，成为专家

当下社会，知识的获取渠道很多，如唾手可得的课程、无处不在的图书推荐等。研究发现，人在被知识包围的过程中，实际上已沦为知识的"奴隶"，出现为学习而学习的茫然无措的情况。

在可获取的知识过于庞杂的情况下，是选择"博"，还是选择"专"？

在我看来，在精力有限的情况下，你可以优先选择"专"，然后在"专"的基础上，对所"专"领域涉及的相关内容进行广泛摄取，这可以算一种比较"精打细算"的学习方式。

那么，如何才能让你成为垂直领域的专家呢？

对此，《为什么学生不喜欢上学？》一书中提出的"背景知识"学习法，可供参考。

学习"背景知识"有助于我们将一些杂乱的信息进行整合、打包，这样在将其提取进记忆空间时就可以占用较少的空间，方便对其进行处理。

例如，某公司今年净资产收益率是5%，对于没听过"净资产收益率"这个术语的人来说，他先要去了解什么是净资产，什么是收益，净资产和资产有什么区别，然后才能了解这个词的意思。但是即使了解了这个词的定义，可能还不知道5%这个数值对这个公司来说意味着什么。

然而，对于会计专业的人来说，一提到这个词他们想到的其实不是它的概念，而是它对于公司的意义，知道5%对于这个公司来说是高了还是低了，知道这个公司今年运营得如何。

如果你想知道一个领域的主要知识，就必须了解该领域的"背景知识"。

更重要的是，"背景知识"可以将环境中分散的信息片段整合在一起，提高思考效率。此外，"背景知识"还可以将你正在学习的和已经知道的内容联系起来，方便记忆。

除了了解"背景知识"，建议你反问自己在这个领域还有哪些有名的专家？他们的观点分别是什么？他们观点的异同点是什么？他们的观点给自己的启发是

什么？如何将该观点与实际结合？自己对这些观点可能会有什么补充？

依据反问法去寻找问题的答案，带着问题去学习的效果一定会优于被动学习。

此外，建议一个阶段专注一方面的内容，不能贪多。一个阶段取得一个小成功，长期积累一定非常可观；不建议浅尝辄止，以及"东一榔头西一棒槌"的学习方式。

（2）用写作输出的方式沉淀学习

孔子曾批评徒弟冉求："力不足者，中道而废，今汝画。"意思是说，能力不足的人，做到一半力不从心才放弃，还算不错，而你根本就没有开始，只不过画地为牢而已。换句话说，想得太多，做得太少，还不如半途而废的人。孔子是一位强调"去做"的高人。

此外，埃米尼亚·伊贝拉在《能力陷阱》一书中提出了一个颠覆性的观点：你改变的是你的思考方式，而只有一种方式能改变它，即改变你的做事方式。

对于学习者而言，改变做事方式就是倒逼你进行输出——把想到的、看到的东西写下来，这与文字功底好坏没有关系，与思考有关系。甚至，一开始不要对自己要求特别严格，也无须太多套路，可以用自己喜欢的任意方式，把思考的东西记录下来。

其实，写作输出方式有一个技巧——复盘。

拿看书举例，看完书后，合上它，开始回忆，并从以下三点入手进行记录。

一是这本书讲了什么内容（不要太多，一句话或一段话就可以了，点出作者要表达的主旨）？

二是为什么作者要写这本书，作者的观点与别人有什么不一样之处？

三是如果别人要我介绍这本图书，我将结合个人感受或经历，介绍哪些内容？

复盘后记下来，坚持一段时间，一定收获颇丰。

另外，建议有条件的职场人可以把自己的工作心得和经验总结整理出来，并发表为论文或者作为专著出版，打造自己的个人品牌。

这是职场最高层次的输出方式，也是进行学习沉淀最有效的方式。

（3）　通过说出来提升效果

写出来，是一个促进思考的过程，可是说出来就更加不容易了，因为胆怯是很多人存在的一种心理。

"说"的方式有很多种：（1）讲课，可以召集几个人先进行小范围的试讲，然后寻找机会大范围地讲，不断锻炼自己；（2）与朋友打电话，聆听他说的话，并与之进行讨论；（3）在同事面前说一件事，这也是一种分享。

（4）　人要"皮实"

阿里巴巴原CPO（首席产品官）彭蕾女士在一次分享中说，阿里需要什么样的人？聪明、皮实、乐观、自省。

什么是"皮实"？彭蕾女士是这样解释的：皮实，文雅一点也叫作"抗击打能力强""抗挫折能力强"。她认为"皮实"的人能经得起折腾。这个折腾是什么？不但要能经得起"棒杀"，还要能经得起"捧杀"。

因害怕被人耻笑就停滞不前，学点东西就沾沾自喜，这些都是不"皮实"的表现。

咨询师古典曾说："总有人用更好的方式，达到你不知的远方。学习生涯是为过好一生提高概率的最佳办法。"我们经常遇到学习后遗忘特别快的情况，其核心原因是被动学习的成分过大，学习方式有待改进。这里介绍的方法中，皮实是态度、思维和底层内容；强化垂直的学习是角度；写出来、说出来则是实战方法。希望这些方法对大家有借鉴意义。我们生在一个最幸运的时代，也生在一个最残酷的时代，稍有停顿就会被淘汰，唯有不断坚持学习，才能跟得上时代的步伐。

精 进 自 测 题

读完本节内容后，你将如何改变你的学习方法？

5.2 文字能力优秀的人易被提拔
写作能力是职场晋升的利器

写作是职场底层能力，这一点已被越来越多的职场人认识到。正如得到App创始人罗振宇所言："职场或者说当代社会，最重要的能力是表达能力。因为在未来社会，最重要的资产是影响力。影响力由两个能力构成：一个是写作，另一个是演讲。"畅销书作者贾森·弗里德也说："如果你要从一堆人中决定出一个职位的合适人选，雇那个写作最厉害的人。不管他是营销人员、推销员、设计师还是程序员，他们的写作技巧会对此有益。"

写作能力之所以是职场晋升的利器，是基于以下五点原因。

📊 公司重视文字工作

无论是做PPT文案、工作总结还是产品方案都需要深厚的文字功底。当今社会，企业纷纷利用移动互联网进行营销推广，这直接对员工的写作能力做出了要求。

写作能力较强的人，易被重用和提拔。举个身边的例子，毕业十年后，我们大学同学见面，曾经沉默寡言的舍友已晋升为办公室一把手。他在大学期间就注重写作能力的培养，文章多次在校刊上发表，毕业后仍坚持写作，在一次偶然的机会下，他的文章被老板看中，经观察了解，终获重用，一路提拔。公司重视文字表达能力而他具备此能力，想不成功都难。

写作提供了无数种想象的空间

一个会写作的程序员、客户经理或者设计师往往会有更大的职场晋升空间，这不仅在于他的写作功底，更在于他能用文字精准总结工作、提炼经验并展示自己。分析能力、总结能力、释义能力等均可通过写作展现出来。

写作可以让你晋升为专家

不少员工没有总结工作的习惯，过一天是一天。不会总结提炼的人，工作提升空间是有限的，文字总结可以将你的技能上升为方法论，让你找到工作中还存在哪些不足，最终晋升为专家。我的一个徒弟计划写书，他平时表达能力非常强，是一名优秀的讲师。几个月后，他非常沮丧地告诉我："师父，落笔不易。"所以，会想是一回事，会说是一回事，写出来又是一回事。写作是一种不得了的能力，能提炼你的技能，把碎片知识进行串联和整合，最终形成知识体系，这是螺旋式提升过程。我们公司有这样一位学员，她是学校的老师，平时喜欢在报刊、自媒体上写点东西。她的一篇文章得到了上级教育部门的赏识，专门给学校打电话表扬她，一直默默无闻的她终于光芒万丈，成为学校的骨干。

写作可以提升综合素质

写作是职场人的一种底层能力，沟通表达、纪要、汇报等都需要这项能力，它能降低沟通的难度。

在职场中有很多场合需要你表达态度，表明想法，总结陈词。表达观点之前，建议在手机、本子上写个大纲或者打腹稿，这里考验的就是写作能力。

写作能力在沟通方面体现在给领导发微信、邮件时能够有条不紊、层次清晰地说清楚一件事，和客户打电话商谈项目时能够在最短的时间准确无误地表达自己的观点。

在会议中，懂得记录的人就比较占优势，他总能抓到要点，用最短的时间说服别人，达成项目目标。

汇报工作不能只带着嘴巴去说，我的习惯是，汇报前在白纸或本子上记录下要汇报的内容，有材料的要多打印几份，没有材料的要提前草拟汇报大纲，并准备可能会被提问的内容。用足够的时间去准备，自然从容镇定。

写作能关联职场资源

写作可以帮助你获得更多的职场资源，比如得到领导认可、获得外部资源、得到受训机会、增加曝光度等。

如何提升职场写作能力？

这里有六个方面要注意。

（1） 把握职场写作的总体原则

职场写作要把握好总体原则：简洁明了、逻辑清晰、用词准确、没有低级错误。

简洁明了：就是没有多余的内容，明白通畅。

逻辑清晰：用好写作结构，常见的写作结构包括总分总结构、递进式结构等。

用词准确：如增加销量、提升销量均可以，但一般不说加强销量。

没有低级错误：文章中的标点、文字等运用准确，没有错别字等。

以上四个方面不是一朝一夕就能实现的，要在平时反复练习。

（2）　透彻研究公司内部写作模板

你得把公司内部的写作要求研究透。无论是写报告、做PPT，还是写年度总结，公司都有一套约定俗成的模板和要求，拿来直接使用即可。例如，如果你被安排撰写通报，请你研究历年此类通报汇总，如能找到有修订痕迹的修改稿更佳，修改痕迹可以帮助你学会遣词造句的技巧。

（3）　善于"摘抄"

职场写作和写小说、散文是有差异的，职场写作对创造性要求并不高，可以"摘抄"，因为一些约定俗成的内容并不用每次都要创新。当然，摘抄不提倡大篇幅抄写。摘抄的范围有哪些呢？上级报告、领导讲话、行业官媒发布的内容都可以。提醒两点：一是关键内容必须有据可查；二是尽量使用行业术语，因为当别人对你所写内容不了解的情况下，沟通会呈现衰减效应。

（4）　修改不低于8遍

好文章是改出来的，在时间允许的情况下，你的文字可改到第4稿再发给你的领导。修改文稿有个技巧，就是读出来。行文是否顺畅？表达是否准确？是否有错别字？大部分问题都可以在朗读中找到。

实际上，修改文稿是文章持续发酵的过程，待领导提出修改意见后再继续修改，一般到第8稿可基本成稿。

（5）　做好撰写文稿前的沟通工作

有的文稿要在重要场合使用，而且是为你的领导准备的。所以，在撰写前你可把大纲整理出来，并向领导汇报，听取其意见，通过这样互动沟通，可避免出现理解差错等问题。

（6）　持续积累

华罗庚说过："聪明在于学习，天才在于积累。"鲁迅也曾说："无论什么事，如果不断收集材料，积之十年，总可以成一学者。"

好文稿不是凭空写出来的，而是对已有资料进行梳理、加工出来的，是丰厚素材积累的结晶。很多会写作的人，越到最后工作越顺利，为什么？除了他个人能力的累积，还有非常重要的一点——持续的素材累积。

读书破万卷，下笔如有神。写文章的高手都是日常积累资料的行家。在职场写作中，资料不仅源于书本，更来源于实际，尤其是那些指示性、决策性较强的文章，写作者不能依靠以往经验闭门造车，必须根据新的数据、情况和材料来完成文章写作。

以上六个方面的内容阐明了职场写作的关键点。提升职场写作能力是一个长期的过程。以我个人辅导学员的经验来看，你可用一年为限检验自己的进步。

此外，除了写点职场的问题，其他方面要不要写？哪些主题对我们的职场、个体能力发展有帮助呢？这里有两点建议：一是跟我们自己的工作相关的深度研究，可以重点去写，总结、提炼、积累、形成深度观点，本身就是把工作深化；二是可以根据兴趣爱好写点东西，例如，我在工作之余会写一些历史类和职场类的文章，3个月有100多篇10万+，成为"爆款收割机"。这些非官方创作既帮助了很多职场人，也让自己获得了一定的价值感，甚至为自己积攒了一些外部的机会，恰恰是这些外部的机会，让我在职场上更加坚定，相比有些同事，少了焦虑担心，因为随时都有个托底的事情可以做。

学习以上方法，虽不能保证你成为写文章的高手，但是至少可以应付职场基本写作要求。如对写作深度研究比较感兴趣，可以报名参加写作培训班，让写作给你的职场更多助力。

精　进　自　测　题

　　你的写作功底如何？一篇 2000 字的文章你能在 2 个小时内写出初稿吗？你打算如何提升自己的写作能力呢？

表达时思维混乱不清，到底发生了什么

5.3

结构化思维一定能帮助你

　　个体的表达能力存在比较明显的差异，有的人表达时逻辑清晰、语言流畅，总能用几句话就把事情说清楚；可有的人思维混乱，讲了半天别人还不知道他的意图。

　　职场新人李辰终于有一个机会向老板汇报工作，老板听了一会儿说："你到底想表达什么？"

　　张婉在与同事开会的过程中，说得大家昏昏欲睡，令人感觉整个沟通过程东一榔头西一棒槌，毫无章法。

　　在以上几种情况中，他们都需要刻意练习结构化思维。

　　结构化思维到底是什么？简单来说，结构化思维是在认识世界的过程中，从结构的角度出发，利用整体和部分的关系，有序地思考，从而更加清晰地表达，更有效地解决问题。

要正确认识结构化思维，一定要明白该思维模式的两个核心支柱。

📊 逻辑顺序"四先四后"，这是清晰支柱

逻辑顺序是指按照事物、事理的内在逻辑关系介绍说明，包括四先四后："先结论后原因（观点）、先宏观后微观、先框架后细节、先重要后次要"，这是一种符合人类常识的沟通方式。

先结论后原因（观点），是指在表达观点时，先说结论，再说原因（观点），尤其在以下情况更要这样操作：一是你的领导是一个结果导向的人，他看重结果忽视过程；二是你的领导做事果断，他不希望下属说话做事啰唆；三是你要汇报的时间非常短，事情也较为紧急。举个例子，职场上很多人喜欢用类似"经济情况一览表"做PPT标题，"××情况""××统计表"做文章名称，还不如根据PPT正文内容改为"近三年，经济形势不断趋好"等的标题，既节约对方时间，又使发言内容清晰明了。

先宏观后微观，是指在汇报和沟通时，先从宏观环境说起，再说微观事宜；先从外部环境说起，再说内部情况。例如，部门拟开展一场大型营销活动，要向领导汇报为什么要开展此项活动，一般先说行业情况，然后说友商做法，再说开展此项活动的优劣、商机。

先框架后细节，是指准备汇报材料时先考虑框架，然后考虑框架要分为哪几个部分及每个部分阐述什么观点。

先框架后细节的思维方式，通常采用"总分总"方式进行呈现。

总	沟通的总体想法
分	支撑想法的论据
总	进行总结、提出建议和下一步设想

第一个"总"是指你这篇汇报的总体想法；"分"是指支撑你这个想法的论据；第二个"总"是指对你的汇报进行总结、提出建议和下一步设想。

为什么要先说结论呢？职场上，汇报、请示、沟通注重效率，先说结论有助于让他人抓取重点，大家时间都比较宝贵，没有人愿意听你娓娓道来。

先框架后细节，多见于汇报材料、论文等中。举个例子，我们在读论文时，一般先看作者写的框架，然后看每个框架的二级目录，再根据自己的兴趣去阅读细节，这是大脑的思维习惯。悬疑推理类的文章则采用相反的处理办法。

先重要后次要，是优先表达重要问题。

因为人的注意力聚焦时间较短，把重要事情优先表达，有利于听众在大脑尚未疲惫的情况下积极参与进来。

此外，逻辑顺序要有层次感，通常可用"一""（一）""一是""第一"等序数词来标识。懂得逻辑层次不仅能使你表达的内容更容易让人理解，还能增加说服力。

确保每个环节分类清晰，这是分类支柱

缺乏清晰的分类，易造成逻辑混乱，所说内容令人不知所云。不同类型的表述有不同分类，具体如下。

第一种类型：每组中的概念必须属于同一个范畴。

这种类型的分类，包括时间分类、地区分类、人物关系分类、性别分类、其他分类。要注意一点，下级分类总和要等于上级数量。例如，广义上人类可按性别分为男人、女人，因为男人、女人加起来就是人类性别总和，但是人类不能分为大人、小孩两种，因为大人和小孩加起来并不等于人类性别总和。

第二种类型：先说结论，然后说原因A、原因B、原因C、原因D……

所有原因项的存在是为了阐述观点。例如，张华家有三口人（没有亲戚来家里做客）。结论：张华家今天不会吃臭豆腐。原因A：张华不吃臭豆腐；原因B：妈妈不吃臭豆腐；原因C：爸爸喜欢吃臭豆腐，但是今天出差了。

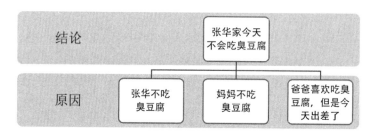

了解了两个核心支柱，下一步如何做呢？要想提升结构化思维能力，快速跨越新人期，需掌握两个关键词：倾听、练习。

倾听

训练结构化思维要从听开始。听的目的是准确把握发言者的观点和所列举的事实、态度。此外，要了解对方表述方式，并多次练习。樊登读书、得到App等的讲师讲课都会用到结构化思维，倾听他们的表述方式，你可以充实自己。

练习

职场人可以参照以上结构进行汇报练习。假设今天你要汇报一个营销项目，希望得到领导的认可，建议你在准备汇报材料时，先框架后细节，先结论后原因（观点）。

例如，汇报项目运营优势，可采用总分总结构。汇报材料框架分为三个部分：一是指出我们有能力做这个；二是列出我们的优势；三是写出项目预计完成时间，希望得到领导的支持和认可。

再如，汇报为什么要做某个项目，可采用"先宏观后微观"和"总分总"相结合的汇报方式。汇报材料框架如下。

（1）团队开展此项目的意愿及其原因。

（2）行业形势及项目的市场前景。

（3）团队所具备的能力。

（4）总结。

训练结构化思维要从日常表述着手，在此和大家分享几个日常训练的方法。

看书训练法	写作训练法	主题训练法
● 先看大纲，再看内容	● 先用结构化思维写大纲 ● 再根据大纲写内容	● 就一些结构化主题进行自我训练。用结构化思维的方法来解决/论证这个议题

看书训练法：先看大纲，再看内容。第一遍快速阅读后，闭合图书，在白纸上写下你记得的大纲，内容如记得就写在大纲后面，在此过程中不得翻阅书本，如确实回忆不起来，就搁置记不起的部分，等完成记录后，对照书本看自己遗漏/记错了哪些内容，并进行修正。

写作训练法：先用结构化思维写大纲，再根据大纲写内容，在此过程中可使用幕布App或者思维导图软件梳理思路。

主题训练法：就一些结构化主题进行自我训练。用结构化思维的方法来解决/论证这个议题，不一定要写下来，可以说给自己听，潜移默化引导自己养成结构化思维。

拥有结构化思维可以提升沟通的效率，让观点鲜明并具有说服力，使你的大脑更加富有逻辑性，让你的表述更具有吸引力，让你在倾听过程中获得更多信息……

最关键的一点是，结构化思维能在不经意间改变你的思维模式，让你的人生迈上一个新的台阶。所以，反复练习，把话说清楚，积累并健全知识体系，在日

常表述和倾听中训练结构化思维，你在职场一定大有进步。

精 进 自 测 题

结构化思维是职场、生活底层能力，可以帮助你快速成长。你将如何提升这方面的能力呢？

5.4 累死你的永远不是工作，而是工作方法

如何提升工作效率

一份材料改了十几稿，经好几位领导审阅，最终被无情地否决了，实在没有成就感；

策划出的新方案本来是对打开市场有利的事情，可领导感觉方案出来后会得罪其他部门，造成部门矛盾，决定放弃这块对公司有利的市场，辛苦做出的方案就这么被无限期地搁置；

身边的同事陆续升职加薪，自己如此辛苦还是没能实现梦想；

……

我们对在职场忙碌程度和成效对比的调查中发现，36%的人认为自己每天忙忙碌碌，但工作成效仍不明显，他们也不知道出现这种情况的原因是什么。

针对无效忙碌的现象，我们从众多案例中总结出三种类型，自我对照下，你

有没有中招?

¥（1）　工作不聚焦，眉毛胡子一把抓

有人说:"工作都是领导给安排的，我没有选择权，交代什么就干什么呗。"相信有这种思想的人不在少数。事实证明，这种说法都是一种自我推脱和自我麻痹。不论领导给你安排多少工作量，每个人都有可控的工作范畴，包括完成工作的时间点、方式、节奏、质量（不同工作的质量要求是有差异的）等。此外，在一个阶段内肯定有你必须完成的主要工作，而你却在做不太重要的次要工作，工作出现严重错位，出现"眉毛胡子一把抓"、干啥啥不行的"囧状"。

¥（2）　不懂得拒绝

有人觉得在职场上拒绝别人是不礼貌的，理由是职场人际关系需相互支撑，如果你拒绝别人未来别人也会拒绝你，出于这个考虑，只要别人有协同需求，就全力支持。职场上确实需要相互支持和配合，但是所有的协作都是建立在你的本职工作能完成的基础上，而不是把自己变成一个协作者。忙碌的协作者会把自己拖累，无法完成自己的本职工作。

¥（3）　工作一直在重复，缺乏创新

网上有个经典的段子:有人在30岁已死去，却在80岁被埋掉。职场中的大部分人都在重复自己的昨天，这正是职场人的悲哀。出现这种情况，要么是组织有问题，要么是自己能力不足、不愿去改变。重复且缺乏创新的工作，虽然很忙碌，却并不能带来多少成效。美国管理大师托马斯·彼得斯说过:"要么创新，要么死亡。"由此可见创新的重要性。

工作忙碌是好事还是坏事? 对于这个问题还得看你忙得有没有效果，不然会出现以下弊端:一是工作性价比下降，深陷事务性工作，成就感不强，生活质量也会下降;二是个人能力提升缓慢，出现温水煮青蛙的状况;三是缺乏思考，工作无的放矢，没想过要在最有限的时间中做出成效;四是浪费时间，要知道时间

是这世界上最宝贵的资源。

明白了无效忙碌的弊端，那么我们应该如何改变这种状况？

（1）　你的时间和精力放在哪里，你的未来就在哪里

职场上，我们的聚焦点要发生变化，不要放在打听八卦、结交朋友、紧盯领导的意图上，最关键的是提升自己的专业能力。

你每天真正全身心投入在工作中的时间有多少？有多少时间是心猿意马的？有多少时间是在玩手机或与同事吹牛？事实证明，每天花越多的时间思考问题，之后就会花越少的时间去修补问题，工作效率会得到大幅度的提升。那么，留给自己的时间应处理和思考哪些问题？要思考自己的进步空间，反思工作流程是否可以优化，思考自己与优秀者之间的差距在哪里，思考自己的思维方式可否优化等。在与别人的沟通中思考、独处中思考、阅读中思考，我思故我在。

（2）　运用好二八法则，杜绝眉毛胡子一把抓

帕累托说过，要把80%的时间和精力放在20%的重要事情上。这就是著名的二八法则。

根据二八法则，任何事情的核心问题只占20%，恰是这20%能解决80%的问题。二八法则可以用另外一个成语诠释：事半功倍。如何利用二八法则提升工作效率？要先对工作进行分析，找到那20%的关键因素。寻找关键因素一个比较简单的做法，就是把与达成目标相关的工作列出来，然后逐条删除对结果影响不大的任务，最后剩下的就是最重要的。二八法则的运用需要一种透过现象看本质的能力。很多人不知道如何提高工作效率，认为自己只是一个被动的执行者，要按部就班地把所有的事情干完。事实上，巧干比蛮干更加有效。二八法则是提高工作效率的一个很好的办法，在不影响整体成效的情况下，学会抓住关键的少数重点反而可以把工作做得更精细深入。

（3） 思考方式的不同是成长快慢不同的主要原因

大家进入职场的起点一样，为什么很快就发生分化，有人成长为优秀员工而有人始终是碌碌无为的普通员工呢？归根结底在于思考方式不同，使得解决问题的能力、学习能力等出现差异。

（4） 做正确的事，正确地做事

按照麦肯锡工作方法，一次做好一件事比同时做很多事要好得多。当你面临很多工作时，要把关键工作拿出来并专注地完成它。工作中特别忌讳干这件事时，还惦记着其他事情没有做。没做的事暂且不要去管它们，不能自乱阵脚。

（5） 总结经验和教训

工作中哪些事情是可以延后处理的，也许事先无法准确判断，建议事后把工作流程回顾一下，进行推演与复盘，及时总结经验和教训。

电视剧《职场是个技术活》中提到这样一句话："能说漂亮话的那是能人，能干漂亮事的那是高人，话说得漂亮事情也干得漂亮的那是超人。"能不忙又有成效的人，是"神人"。这个"神人"并不遥远，只要用对方法，你我都可以实现。

精 进 自 测 题

累死人的永远不是工作，而是方法不到位。你将如何调整工作方法，提升工作效率？

被工作占领的微信朋友圈，该如何经营

5.5

怎样经营一个有价值的朋友圈

微信作为一个社交软件已成为主要的通信工具之一，其自带的朋友圈早已不是私人空间。微信朋友圈通常分为以下4种。

¥（1）全空白朋友圈

一些职场人微信天天在线，但是从来不发朋友圈。微信好友少见其发布朋友圈动态。与他们聊时，他们表示，这样做一是过了发朋友圈的新鲜劲，总害怕在朋友圈中发了动态，暴露了自己的隐私，不如点对点沟通比较好；二是微信好友基本都是同事，实在不愿意同事过多了解自己的情况，成为茶余饭后的谈资。

¥（2）公司业务宣传朋友圈

这种类型的朋友圈内容大多是公司的业务宣传，尤其在公司要求阶段性宣传的情况下，员工的朋友圈被当成推广矩阵，其效果也因事而异。

¥（3）频发动态，以广告为主

此类朋友圈有两大特点：一是每天频繁发布，数量多达十几条；二是内容以宣传产品为主。

¥（4）全开放朋友圈

这一类朋友圈中包含工作和生活中方方面面的事，或分享生活动态，或宣泄负面情绪，或极度私人信息，或业务信息。

以上四种类型基本囊括了朋友圈的大部分情况，我们认为朋友圈是观察一个人的重要窗口。

（1）　通过朋友圈可以较为便捷地了解一个人

在不了解一个人的情况下，朋友圈可以让我们对一个人形成初步判断。例如，一位小伙子新认识一位女孩，交往后双方加了微信，相谈甚欢。待回家后他仔细看了姑娘的朋友圈，发现其动态多是粗鲁咒骂别人的负面信息，几乎找不到一点正面的信息。于是，他果断结束了交往。

（2）　上级快速了解员工的途径

我曾经问过几名管理者是否会翻看下属的朋友圈，他们给出了肯定的答案。在他们看来，从朋友圈可以看出一个人下班后的生活及上班的状态（上班时经常发朋友圈说明工作量不饱和）。

（3）　一个自我展现的平台

朋友圈是一个展现专业素养、爱好、职业形象的较好地方，在没有特别隐秘工作属性的情况下，可以把自己最好的一面展现出来。对一些自由职业者来说尤为如此。例如，如果你是一位讲师，可以把曾经的讲课图片、学员的评价展现出来，让别人看到你的专业度和学员对你的认可度，对你的职业形象和职业发展是大有好处的。

那么，如何有效经营朋友圈？

（1）　确定朋友圈定位，区分发送内容

建议一人双号，一个发工作相关的朋友圈，另一个发生活相关的朋友圈。现在很多手机都有应用分身功能，可以同时安装两个微信。经营有内涵的朋友圈，要先确定朋友圈的定位。如果主要用于工作，以下内容不建议发送：在酒吧和KTV等场所的照片（这些暴露了你工作之外的生活）；出差途中的风景、旅游景点等相关信息（尤其在工作时间不建议发送）；与朋友、同事等人抱怨的记录；政治敏感信息；另一半送的礼品；一些只有自己了解的私人信息等。

在微信朋友圈哪些内容是可以发送的呢？培训心得和相关信息，说明自己有

进取心；参加博物馆、红色纪念基地等正能量的信息；读书心得；公司的业务信息，作为公司的员工，自觉转发公司的公开信息是受人欢迎的行为；专业性强的长文（这与专业能力有关联）；有内涵的文字，比如锻炼途中看见美丽风景的心得；工作上的获奖信息等。当然发送获奖信息并不是单纯炫耀，还要写些感受和总结。

不要把朋友圈当成"吐槽圈""广告圈"，有内涵、高质量的朋友圈才能让别人喜欢。

（2） 对微信好友进行分组管理

不管在什么情况下，朋友圈分组管理都非常有必要。分组管理可以按工作性质进行，有的按照客户分组，有的按照内部人员分组。不同的分组，可见的朋友圈内容差异性也较大。

（3） 把握节奏

每天发多少条朋友圈比较合适？这没有一个衡量的标准，但是一天最好不要发5条以上，以免占用朋友圈公共资源招致反感，被人屏蔽。朋友圈是一个互动的地方，你的一点一滴都在暴露你的思想，所以对朋友圈的内容运营要把握好节奏，适当发送就可以。什么叫适当？工作内容可以在上班时也可以在下班时间发送，生活内容别在上班时间发送，量也不宜过多。

越来越多的人认为朋友圈不再是私人空间，它已成为人们互相了解的一个桥梁，更是公开展现自己的场所。定位、分组和把握节奏，做好这三点，对你经营朋友圈会有所帮助。

精 进 自 测 题

回顾下你的朋友圈踩过多少个"坑"？那时的你是如何应对的呢？

遇到水平比自己低的领导，很想离职

5.6 几招教你成为职场"狠人"

相信你自己或者身边的人遇到过这样的问题：领导的水平比你低，还对你指手画脚，你怎么办？

难受，想离职？还是彻底"躺平"，随便他折腾呢？

我的一位朋友陈伟，最近正为一件事情烦恼。

在陈伟看来，他的上司根本就一无是处。例如，工作总抓不到重点，对老板的意思领会不透或经常领会出错，给下属布置任务时，要么说不清楚要做什么，要么与老板的要求差得十万八千里，害得整个团队多次被老板批评，直接影响大家的年度绩效。

陈伟说："大家心里不服气、不舒服、不接受，甚至有人开始消极怠工。我作为一个老员工，要经验有经验，要能力有能力，要人脉有人脉，凭什么要听他的指挥？"

在一次聚会上，陈伟与朋友们大倒苦水，大家七嘴八舌地给他出主意。他们的建议是：

发动舆论攻势，将这位上司的情况传播出去，或许会传到老板那里去，让老板意识到自己用人不当；

跟上司较劲，看看谁有真本事，一定要证明自己比他强；

对上司布置的工作采取拖、晾的方式，把他晾在一边，如果工作没有完成，在老板那边失分的一定是这位上司；

越级投诉，向上司的上级去汇报；

辞职不干了，坚决不伺候低水平的上司……

这些主意能有用吗？在有经验的职场人看来，这些处理方法多属于意气用事，除了过过嘴瘾，正向、积极的东西严重缺位。实际上，众所周知，职场是人品的"磨刀石"，也是能力的"试金石"，更是格局的"放大器"，还是心胸的"显微镜"。

以上的建议不仅解决不了问题，还可能会让问题变得更复杂，甚至会让上司的上级认为你是一个喜欢打"小报告"、不听指挥的员工。

那么，遇到水平比自己低的领导，我们应该怎么办？个人建议是在职场中，我们不是要赢过别人，更多是要胜过自己。

那么，如何实现"胜过自己"？先从一个原则说起。

这个原则叫"象限选择原则"，是一位职场老前辈退休前告诉我的。象限选择原则指的是我们在职场上说的话和做的选择，对自己有利还是有损害？对别人有利还是有损害？一个人的选择决定了他的路能走多远。

象限选择包括四个，分别为损他利己、利他利己、利他损己、损他损己。

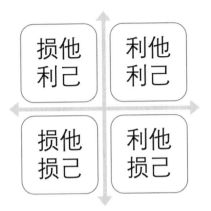

如果在职场中你也遇到过这样的选择，请问你会选择哪一个？相信很多人会毫不犹豫地说出答案：利他利己。但是在实际工作中，很多人受限于格局和境界，在情绪的支配下，有时会毫不犹豫地选择其他象限，走出一招又一招的"臭棋"。

这里给大家四点建议：平和职场心态，提升职业素养，创造机会、机遇，充电强大自己。

（1）平和职场心态

心态决定神态，神态决定状态，状态决定"生态"。一个好的生态决定了你在职场是否可以晋升。

一是你要接受"存在即为合理"这个现实。如果注意观察，你会发现，类似上司不如下属的情况比比皆是，发生在陈伟身上的事情并非个案。这类普遍的情况为什么大家都能接受，你却无法接受呢？

二是善于发现别人的优点，眼光不要总盯在上司不足的地方，带着负面情绪工作，不建议与之进行比较。他能成为你的上司，一定有其过人之处，有的人是善于沟通，有的人是手里有资源，有的人有一定阅历，有的人有系统化的知识。一无是处的人大概率是无法成为领导的。也许在他的身上有一些特殊地方恰恰是组织需要的，而你却不具备。不要戴着有色眼镜去看别人，或许能得到不一样的见解。

有一句话送给所有看不起上司的职场人：在职场上，上司是你工作中最有利用价值的资源，就看你会不会最大限度地使用了。

（2） 提升职业素养

不可替代的是工作本身，而不是你，这是职场上的一个"铁律"。

职业化的工作态度，是对待公司、对待工作、对待事情本身要够理智。尊重上司，支持和配合上司的工作，这是职业化工作准则。

不尊重上司，很有可能当你到了一个新岗位上，你也得不到尊重。对上司布置的工作消极应付，很有可能会失去机会、失去信任，是缺乏基本职业素养的行为。

（3） 创造机会、机遇

在条件许可的情况下，为什么不为自己创造机会、主动出击呢？例如，积极参加公司组织的活动，用专业素养、积极的工作态度展现自己最为出色的一面。要始终相信，是金子总会发光的。很多时候我们可能缺乏的不是能力，而是展现的机会，不去抱怨，主动磨砺自己，这就是创造机会、机遇，最终成就自己。

（4） 充电强大自己

学习是终身的事，作为一名职场人，只要坚持不懈地学习，我们相信，即便一时受困，也会择机一飞冲天。

职场是成长的重要舞台。在职场中，你是选择对抗别人，还是强大自己，最终在职场竞争中赢得胜利？你是选择口无遮拦过一过嘴瘾还是谨言慎行、放低身段、抓铁有痕和踏石留印呢？你是选择挑拨矛盾、制造是非，唯恐天下不乱，还是选择静默学习、强大自己，等待一飞冲天呢？你是选择成为一个不折不扣的职场"刺头"还是选择成为受人尊重的专家呢？你是选择做损人利己的人还是选择做利人利己的人呢？

在职场上，赢得自己，才能更自信、更从容、更自冷。

06
Chapter
第六力

演讲力
—— 职场跃迁离不开演讲，如何提升你的
演讲能力？

2006年，阿里巴巴在江苏无锡举办"点亮淘宝路"的活动，我上台演讲。手拿演讲稿，面对场下上千名淘宝商家，我激动之余，总觉得自己做得不够好，声音应该更稳一点，语言应该更有力一点，举止应该更得体一点……

复盘后我发现自己的问题一箩筐，可这世上根本没有后悔药，我能做的就是在未来每一次上台时让自己变得更好。

随后的几年，我机缘巧合成为一名兼职内训师，经常上台讲课，并通过一些交流机会使自己演讲力不断得到提高。

这里所说的演讲力属于沟通力的一种，但其要求又远远高于沟通力，正日益成为职场人士必备的核心素质之一。

本节将介绍职场第六力——演讲力，内容包括优秀演讲特征，演讲准备，演讲内容结构的设计，控场技巧，开展竞聘演讲项目路演和即兴发言的方法，以及演讲辅助工具的准备。

6.1 了解优秀演讲的特征，更容易提升演讲能力

三招提升演讲技能

现代社会，职场人需要展现"公开演讲"能力的场合非常多。例如，给客户做产品介绍，在会议现场进行经验分享，月度、季度、年度会上的工作汇报等。一次次优秀的演讲可以帮助你展现个人能力，获得更多关注和认同，并争取更好的发展机会。

在职场生活中，演讲的类型有许多种，有些演讲是为了分享信息，以便让听众知道新的内容、学习新的知识，如主题讲座；有些演讲是为了说服听众接受他

的观点，改变听众的态度继而影响听众行为，比如产品介绍、产品直播带货类演讲；还有的演讲是为了激励听众的激情和潜力，领导进行动员讲话就是典型例子。

接下来，我们先聊聊哪些演讲不太受欢迎。

（1）　推销式演讲

推销式演讲被列为各种演讲中最令人讨厌的演讲方式。有人有疑问了："我这次演讲就是为了推介新产品，希望能带来新的业绩表现，为何还要规避推销式演讲？"

事实上，无数失败的演讲案例都证明，推销式演讲效果并不理想。这里我先分享一个的概念，它听起来跟推销式演讲很像，但事实上有明显区别，那就是"分享式演讲"。

"分享式演讲"倾向给予，通过分享优质的内容，可以使听众认同，然后主动参与；而"推销式演讲"则明显倾向索取，因此很容易引起听众的反感。毕竟，当你明确地表达了观点以后，一旦让听众意识到你演讲的目的在于推销，基本上会本能心生抗拒，演讲的效果就会比较糟糕。

（2）　漫谈式演讲

每个人的时间都比较珍贵，漫谈式演讲中，演讲者随心所欲地现场发挥，演讲的内容重点不突出、缺乏时间概念、内容逻辑比较散乱，浪费彼此时间。造成这种现象的主要原因是演讲者没有理解和掌握优秀演讲的特征，比如没有想明白演讲的主题内容，没有从听众的角度出发梳理出对他们有价值的内容。当然，也和演讲者专业性不够、论点和论据之间的逻辑打磨不足有关，导致说着说着就偏离主题。

（3）　自嗨式演讲

这也是比较常见的不受欢迎的演讲方式之一。这种演讲者的表现是仅关注自

己的感受，在演讲的过程中表现得过分自信，认为自己的观点是完全正确的，内容是足够精彩的，基本不和听众互动，个人情绪表现得过分饱满。

要知道，好的演讲是需要双向互动的。例如，在演讲过程中设置问答环节、各种现场游戏互动环节，用分享的方式传递有价值的信息的同时，适当与现场听众进行互动，让他们能有参与感。演讲者也可以从互动过程捕捉听众的反应，优化自己的演讲内容和表达方式，从而更好地提升演讲的效果。

（4）夸大式演讲

这种夸大式演讲通常有三个明显的特点：一是演讲者过于夸大事情的严重性，二是演讲者过于夸大自己的重要性，三是演讲者过于夸大自己提出方案的影响力。

要规避夸大式演讲，建议养成好的演讲习惯，用中肯的方式表达自己的观点，传递对听众有价值的内容，尽可能客观地陈述事实。在设计演讲和现场演讲的过程中，经常问问自己：内容是否有夸大的嫌疑？如果有就立即着手进行调整和优化，也可以多征求他人的意见，不断提升自己的演讲能力。

了解了四种不受欢迎的演讲方式，那么什么样的演讲算得上优秀演讲呢？

（1）实现了价值输出

一些人认为，演讲是拼口才，必须用"语不惊人死不休"的措辞和表达来吸引听众的注意力，事实上这是演讲常见的认知误区之一。

不可否认，好口才当然能增强演讲效果。但真正让人印象深刻的演讲，更多靠的是内容。有价值、能引起听众共鸣和认同的演讲内容，远比巧舌如簧的"口才表演"更令人印象深刻。

你可以回想一下，小到自我介绍、销售拜访，大到主题宣讲、商务活动、产品推广等，真正能让你在很长一段时间后还能记忆犹新的演讲，是仅仅因为演讲者的口才出类拔萃，还是因为他们讲的内容对你特别有启发，或者让你后来产生了很重要的改变？没有价值输出的演讲，对于听众来说，其实是比较糟糕的体验，花费了时间，浪费了感情。

基于以上的讨论，让人记忆深刻的演讲，靠的不是舞台展示，也不是花哨的语言表达，而是演讲的内容是否有价值。换句话说，这场演讲是否实现了价值输出。成功的演讲能够给人带来启迪，能帮助到他人，并且具有利他性的观点输出。

¥（2）　观点明确

有的演讲者，为了调动听众的情绪，段子讲了不少，观点却很模糊，让听众听完即忘，根本记不起演讲的内容。

所以，演讲者的演讲一定要观点明确，不可模棱两可。

没有人愿意听你说不太明确的观点。演讲的目的是通过与听众分享你的观点，带给对他们有价值的内容，或者进而对他们的行为产生一些有意义的影响。哪怕就是汇报工作，也需要让听的人知道你到底说了些什么事情，对他们有什么帮助，或者能让他们清楚地知道你需要他们做些什么来支持和配合你。

¥（3）　能影响到他人

每件事都有相应目的，产品发布会演讲希望推的新商品能够带给大家更好的产品和服务的体验；项目说明会演讲希望推广项目、获得投资；竞聘演讲希望得到评委和领导的认可等。这些演讲的目的都是通过表达自己明确的观点、分享自己的优质内容，进而有机会去影响他人，获得更多的认同，或者促成决策和合作。例如，通过发言让项目组同意你提出的方案，让客户选择你推荐的产品或者解决方案，促成团队成员进行自我改变和提升。

精 进 自 测 题

你的演讲具备本节所述的优秀演讲特征吗？

6.2 演讲需要准备吗？当然！

这些是演讲制胜的基础

任何一场优秀的演讲都离不开精心设计和准备。实际上，对于大部分演讲者而言，要想演讲出彩，就必须打一场有准备之战。如何开头、如何结尾、如何串联演讲内容，这些是构成一场优秀演讲必不可少的准备。

演讲准备中有什么样的"坑"要规避呢？

第一个坑：演讲目的不明，或者并未围绕目的进行。

如果把演讲概念泛化，除了上台公开演讲，日常生活工作中的上台发言、陈述工作总结、晋职讲演、项目路演、产品讲解、开会发言讨论，都可被视为演讲的一种。每一种场景下都会有其目的。一些演讲者由于没有做好准备，上台就东扯一段，西扯一段，最终只会让听众不知所云。

第二个坑：没有关注到自己的受众，未围绕受众设计场景进行演讲。

举个例子，某公司要组织一次产品发布会，负责人要上台演讲介绍产品。请问，他应如何设计演讲内容？

如果本次邀约名单中约有70%为老客户，他们对已发布产品较为了解，对新产品不太熟悉；另外约30%的是新客户，对新老产品可能都不太了解。演讲者应该怎么设计场景?

一般老手的办法是根据邀约名单进行设计，但是一些新手是按"放之四海皆准"的要求进行准备，效果一定会打折。

第三个坑：演讲过程中过于紧张，没有主线，内容切换过于生硬。

在演讲中，第三个坑带来的杀伤力远远大于前面两个，一旦你表现出紧张的情况，整个节奏都会被破坏，心绪会变乱。

这三个坑，很多职场人都有踩过。

那么如何做好演讲准备呢?

演讲要建立3W清单，即自我提问清单。

"3W"清单的第一个问题是Who。第二个问题是Why。动机决定方向，方向决定内容，所以你要搞清楚以下问题：你为什么要组织这次演讲? 听众为什么要听你的演讲? 听众的想法和诉求是什么? 第三个问题是What，为达到目的，你打算演讲什么内容?

清单1：Who

演讲的听众是哪些人? 你认识他们吗? 有多少是熟悉的? 有多少是陌生的? 这些信息非常有助于优化演讲设计。正如前面的例子所述，如果听众中老客户比较多，先从老产品的特点切入，在帮助新客户了解公司产品和特点之余，唤醒老客户对公司的亲切感；如果是新客户多，则讲一下产品的特点、优势。

这里要强调一个概念，就是"换位思考"，演讲者要从听众的角度出发，了解听众的想法和诉求。

清单2：Why

演讲者若没有一个清晰的目的，演讲效果可想而知。建议你把演讲目的用1～2句话写出来。只有确定了你的演讲目的，才能框定演讲内容范围，并使演讲更有针对性。例如，如果这次演讲是为了推出新产品，本质上是新产品发布会，你的目的应该是介绍产品特点、使用场景、优点等。

不过一定要记住，演讲的最终目的是改变。在进会议室或演讲场地前，听众是带着自己的知识、态度、想法来的，演讲者要通过演讲，在有限的时间内改变听众的想法，继而推动听众形成行动，这是演讲的最终目的，也是演讲的魅力所在。

这里分享两个方法，大家在确定演讲目的时候可以通过这两个方法进行自我验证。

第一个是听众验证法。听众验证法其实非常简单，就是从这次活动的客户角度出发。例如，前面例子中老客户参加活动的目的就是要了解新产品和老产品有什么区别，而新客户参加活动的目的首先是了解公司，其次是了解产品。但是他们最终都要做出决定是否采购公司的产品，所以演讲的目的就是促成消费行为而非仅仅是介绍产品。

第二个是外部环境法，它可以理解为外界环境对你的演讲提出的要求。

这两个方法是相辅相成的，外部环境法确定目标的大致范围，可作为听众确定法的辅助。这两个方法既可以单独使用，也可结合起来使用。

清单3：What

前两个问题清单是演讲准备的前提，而What是演讲的核心，如何分配内容的比重、使用哪个案例、演讲节奏的起伏等都必须考虑。

前面我们介绍了如何进行演讲准备，下面我们讨论下如何构建演讲主线。

我们在分析戏剧、小说或电影时，都会接触到主线这个词，其实它同样适用于演讲。主线，顾名思义，是将演讲串联起来的中心主题，每个演讲都应该有一个主线。主线若没有构建好则演讲效果必定受到影响，甚至偏离原定主题，达不到演讲目的。

那么在构建演讲主线的过程中，演讲者需要把握哪些原则呢？

第一个原则：关联性。如果演讲有一个主线，主线由多个模块组成，那么每个模块之间必须有关联，如同被一根线串起来一样，整体感要强。如果模块和模块之间缺少关联性，不但演讲者讲得很累，听众听着也很费力。

如何建立关联性呢？

对非强相关的大纲、主题进行彻底删减。演讲中，你会发现你想要表述的内容太多了。但是仔细想一想，这些内容与你想表达的主题相关性足够强吗？内容过多，不仅挑战演讲者的逻辑性，还增加了听众理解难度。所以，必须对演讲内容进行合理删减，仅保留与核心观点联系紧密的内容。

第二个原则：一个主线原则。演讲主线不能太多，一般情况下，一条线就足够了。多线论证或者多线发展，对听众的理解能力提出了更高的要求，效果反而不佳。所以我的建议是：克制分享欲望，坚持一个主线原则。

演讲前做的所有准备，归根结底都是为了让演讲者有足够的自信。那么，演讲者还应怎么做，才能让自己更加自信？

我们要了解在演讲中怯场与焦虑心理的根源是什么？说到底，怯场和焦虑心理是人的天性，大部分人公开演讲都有怯场和焦虑心理，就算是演讲高手，上台也会紧张。人们天生就害怕被否定，在公众面前演讲会放大这种恐惧心理。

除了以上谈到的准备，还有一点必须强调，就是要反复练习。你可以通过反复练习的方式调整演讲心态，增强自信心。当你做好了充分准备，把演讲内容烂熟于心，节奏把控轻而易举，自然而然就能破除"心魔"。而且听众来听演讲的初心是获取信息，而不是带着批判的眼光来挑刺的，只要你做足准备，一定能收获满堂喝彩。

6.3 优秀的演讲内容一定有结构加持

如何设计你的演讲内容

有人很担心在演讲中出问题，于是不断修改PPT、反复上台演练，但是最终还是出了问题：上台后逻辑不清、紧张不已，讲完后听众不知道他说的是什么；

有人上台后即便紧张，但是讲完后听众给的打分仍然比较高；

有的人普通话一般，但是听众听得津津有味，比听普通话绝佳的演讲更投入……

到底哪个环节出了问题？

有一点必须强调的是，演讲前的内容准备非常重要，那些能被人记住的演讲，其内容无一不是经过精心打磨和设计的。要想让你的演讲更上一层楼，必须在演讲内容上下足功夫。

糟糕的演讲，一般结构混乱、演讲内容平铺直叙，无法调动听众情绪，缺乏关联、冲击力、感染力。

优秀演讲内容的特征

优秀的演讲内容一般有以下三个标准。

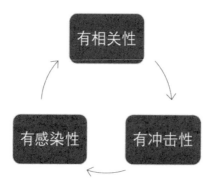

第一个标准：有相关性。如果在演讲里反复强调产品特点、应用场景和解决方案，这些与客户利益息息相关吗？实际上，光从我们的产品优点出发，与客户关联度其实并不高。我的建议是从客户痛点入手，再结合我们的产品作为解决方案才能引发客户转变观念、下单采购。

记住下面一个公式：

相关性=痛点。

演讲内容要以"弱相关"促进建立"强相关"，一味地输出产品优点对于客户来说不痛不痒，只有狠抓客户痛点才能吸引他们的注意力。

第二个标准：有冲击性。

你在切入客户痛点的同时就触发了第二个特征——冲击性。直播卖货的火爆，就是源于人们冲动消费的心理。商品大幅度打折，再加上主播的个人IP影响，对顾客形成强烈心理冲击，刺激购买需求。实际上，演讲也是这样的，你演讲的内容必须刺激听众的需求点。所以，在内容设计上要针对听众需求，了解听众的不满、抱怨、迷惘。你可以通过信息收集、整理和分析阐述他们的问题，从而构建演讲的冲击性。

所以，建议大家先做一些听众分析，收集一些客户投诉、客户反馈，并将其转化为演讲的素材，增强演讲的冲击性。

第三个标准：有感染性。

演讲内容还需要点缀情绪和态度，这样更容易引起听众共情。从相关性到冲击性再到感染性，是一个逐渐从理性向感性过渡的过程。相关性和冲击性好比是严选食材的过程，而感染性就是调味的过程。

📊 演讲结构的设计

事实上，演讲内容的设计不仅限于相关性、冲击性和感染性，在此基础之上还需一个容易被听众理解和接受的逻辑框架作为支撑，通过合理的结构设计，保障演讲内容被最大化地理解和消化。

有三个简单又实用的演讲结构可以帮助你优化演讲内容。第一种常见的结构类型是金字塔结构：结论先行，亮出观点，列出数据，拿出案例。

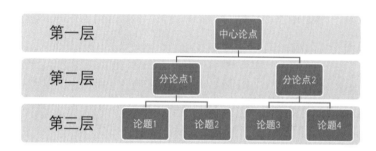

第二种常见的结构类型是时间轴结构。这种结构直观地按照过去、现在和未来的方式进行陈述，可以列举每个时间段的事实，也可以描述每个时间段的想法。这种演讲结构非常符合人们的基本认知规律，比较适用于讲故事型的演讲，可以增强听众的代入感。

第三种常见的结构类型是2W1H结构。简单来说，就是What、Why、How。What指"是什么"，主要说明这件事是什么，有什么具体特点，或者已造成的结果；Why是"为什么"，讲的是重要性、目的、使命、愿景，解释这样做的理由；而How是"怎么去做"，如何解决问题，也就是具体的操作方法。

当然使用哪一种结构要根据演讲的内容进行选择。

举个例子，适合时间轴结构的演讲，可以从老产品开始介绍，讲一讲产品以前是什么样的，现在新产品优化了哪些方面，未来还打算升级哪些性能，这三个时间点的核心点便是产品的优化升级。产品迭代优化的故事还可以更好地展现公司精益求精的精神，进一步提升公司品牌影响力。

📈 演讲开场设计

在有限的演讲时间下，如何在开场的一分钟内吸引听众的注意力，让他们对你的话题产生兴趣，是每一个演讲者都逃不过的考验。

根据我的经验，开场套路基本可以分成以下四类。

（1） 权威资料开场法

这是一种非常常见的开场方式，开场可以引用官方资料、行业数据、热门调查数据、名人名言，也可以引用上级领导的讲话。因为这类开场有非常强的权威背书，一开始就奠定了一个比较正式的基调。如果听众是同一公司的任职人员、同一行业的从业人员等，引用大家都认可的权威数据、调查结果或专家名言是比较不错的一种开场方式。

（2） 时间轴开场法

除了在演讲结构设计上使用时间轴，在开场也可以使用这样的方式，主要是通过不同时间段的事物发展对比，引出你想要阐述的观点。

（3） 故事开场法

事实上，任何一个成功的演讲都离不开讲故事，听众对全是概念和大道理的演讲接受度是很低的。但是一个好故事能被牢牢记住，甚至广为流传。

（4） 提问法

提问法是一种抓人眼球、单刀直入的开场方式。

提问法相较故事开场法在操作上更为简单，且具有很强的互动性。只需要一个恰当的问题，你就能引爆现场气氛。

至于如何设计问题，把握好两个关键点就可以了：一是避免开放式问题，使用选择题，给出选项，让听众身临其境地做出选择；二是做沉浸式提问，让听众能进入场景、增强代入感。

在时间分配上，切记开场不能超过演讲总时长的20%。

📊 演讲结尾设计

如果将一次演讲比作一桌菜肴，演讲结构就是每一道菜肴的上菜顺序；开场是正餐前的开胃小吃，吊足了听众的胃口；而演讲结尾就是餐后点心，让人们意犹未尽。

演讲结尾一定要点题，可以重复观点、强化目的、升华演讲主题，也可以引发共鸣等。

结尾方式有很多种，常用的结尾方式包括金句结尾法、排比重复法、确定回应法。

（1）金句结尾法

金句结尾法，顾名思义，在演讲结尾用一句话或者一段话点明演讲主题，甚至升华演讲内容，也可以借助一些名人名言，表达出你的想法。这样的结尾往往让人印象深刻。

（2）排比重复法

使用高密度的排比句陈述你的观点，可以强化演讲效果。例如，通过反复强调公司的责任感、价值观等，引发听众的感情共鸣，让听众理解你公司的使命愿景，认同你公司的核心价值观。

（3）确定回应法

该方法的特点是，在结尾时演讲者使用一些铿锵有力的语句、倡议或表态引发行动的觉醒，召唤大家积极行动起来。这种结尾方式在一些公益类的演讲中比较常见。

精 进 自 测 题

假设你马上要进行一次商务演讲，请你使用时间轴的方式设计演讲框架。

6.4 演讲中现场失控，如何继续进行下去

如何练就高超的演讲控场技巧

在演讲中现场观众毫无反馈，有的在睡觉，有的在玩手机，还有的在交头接耳，我该不该提醒？

以上的情况在演讲或会议中时常发生，原因就是互动出了问题，控场出了问题，未能有效调动起听众的情绪，无法吸引听众的注意力，缺乏处理意外情况的经验。

要想游刃有余地处理各种演讲失控的问题，我们必须了解其背后的原因。

（1）与观众缺乏互动

几乎所有类型的演讲，都需要互动，即便是竞聘演讲，一个停顿甚至眼神也是互动。缺乏互动的演讲是不够生动的，无法吸引听众参与进来。

（2）　互动过度

不知道大家有没有听过这样的演讲：演讲的气氛很好，互动很多，但是感觉没有学到什么内容。我们并不是说互动不可以，但凡事都有一个度。

（3）　表演痕迹过于严重

演讲中需要使用肢体语言增强说服力，让演讲充满感染力。但是演讲有严重的表演痕迹，往往会适得其反。

（4）　心态不稳定，缺乏方法和实战经验

面对听众交头接耳、玩手机，尤其是在竞聘演讲中被评委质疑等情况时，如果演讲者没有良好的心态，缺乏应对类似事件的套路，估计马上会崩溃，控场失误率会非常高。

要解决非专业演讲选手在控场方面存在的问题，归根结底应调整心态，找到方法。

其中，心态问题并非三言两语可以解决的，但是掌握合适的互动方法、技巧，一定程度上能帮助你解决控场囧状。

这里介绍三种互动技巧。

（1）　提问互动法

使用提问互动法时，演讲者通过提出与主题关联的问题，调动听众的注意力，让他们关注如何解决问题，从而自然而然地参与到话题中来。这是一种非常有效的互动方式。例如，演讲者在介绍产品特性时，可以抛出问题："各位来宾，这样的产品可能会给您的未来带来什么样的改变？"听众未必会直接回答你抛出的问题，但是大部分人会不自觉地开始认真思考，这样就能构成无形互动。实际上，正因为听众对提问的思考，你的演讲才会给他们留下更加深刻的印象。

演讲者通过提问可以引发听众进行自主思考，不一定需要他们现场立刻给出答案，而是通过提问加强他们的参与感。但是要强调的是，所问问题要与主题关

联，否则效果适得其反。

（2）　引导互动法

引导互动法与提问互动法稍微有差别，其目的在于利用一些比较简单的问题，引导听众做出相应的反馈，降低听众的参与门槛，增加他们的参与意愿度。引导的话题要与演讲内容有强关联性。此方法，是通过言语或手势的引导，让听众参与互动。例如，你可以适时说："大家同意我刚才说的吗？同意的请举手。"这样一来通过你的引导，大部分听众都会举手，并参与到互动当中来。

在不同情况下要用不同的引导方式，在具体使用引导互动法时有几点需要注意的：一是不能用生僻的、专业性太强问题，用这个方法的目的就是尽可能让听众积极参与到你的演讲中来，你要做的是降低互动的门槛，而不是给他们制造门槛；二是需要考虑引导话题的关联性，建议尽量使用跟演讲主题相关的问题，比如演讲中提到的产品特点、工艺技术等。

（3）　奖励互动法

在演讲中如果有问答环节，为了鼓励听众参与互动，我通常会准备一定的奖励。奖励可以是小礼品、积分卡，也可以是公司新产品免费试用权、抵用券等。这种方法的现场互动效果通常比较好。但是使用这种方法时需要事先和演讲活动的主办方进行沟通和确认，奖励的礼品也要事先准备好。

如是一次产品推介活动，演讲者可以申请一些试用产品，现场赠送给积极参与互动的听众，一来可以提升现场互动效果，二来也是对新产品的宣传。通过这种方法可以把互动控场技巧与发布会的主题结合起来产生更好的效果，而不是为了互动而互动。

各种互动方法的使用，要根据场景进行选择。在面试演讲中，不宜过多互动，而是要保持冷静，读懂评委想要表达的内容。过多的互动会让评委产生喧宾夺主的感觉。

除了互动能帮助控场，在演讲中肢体语言也是非常重要的控场技巧之一。通过研究一些精彩的演讲视频，你会发现，很多演讲者的动作和手势都非常吸引人。通过动作控场，主要有以下方法。

（1）目光控场法

在演讲中，难免发生听众交头接耳的情况，这其实会分散其他听众的注意力。如果你对这种情况视而不见，很有可能会影响演讲的效果。但是如果你在台上提醒听众停止交头接耳，又会中断演讲。这时就可以使用"目光控场法"技巧，你可以稍作停顿，面带微笑，把目光移动到那些交头接耳的听众身上。这时，一般他们会自然停止交谈，因为他们感受到了你的目光和关注，意识到他们影响了你的演讲进程。

（2）走动控场法

如果在现场有个别听众发出的声音已经明显影响到演讲了，你可以一边发言一边走到他的座位附近。一旦意识到你的靠近，大部分人都会振作精神、集中精力，自然就会停止干扰。这也是为什么很多演讲视频中，演讲者一直都在频繁走动，因为他们想通过这样的方式吸引听众的注意力。

实际上，"目光控场法"和"走动控场法"都是通过肢体语言的变化引起听众的注意，达到控场的目的。听众一旦感受到了演讲者的关注，就会打起精神，将注意力聚焦于演讲。

此外，演讲者适当地调整自己说话的语音、语调、语速等，有时候也能起到立竿见影的控场效果。例如，讲到重点内容的时候可以降低音量，由于音量变化，听众会更加集中，努力听清你要讲的内容；也可以在适当的时候，通过加快语速或提高声量，配合肢体动作，效果会更好。把握你要调整音量、语速的重点内容，结合相应控场技巧进行反复实践，不断积累经验和持续地改进，你的控场能力将有明显的进步。

但演讲准备做得再充分，在实际演讲场景中也有可能发生一些意料不到的突发情况，比如突然忘词、口误、遭到质疑等。这时经验不丰富的演讲者就很容易自乱阵脚。

遇到这种情况时,有两个应对办法。

冷静

无论发生什么,都要提醒自己保持冷静,要知道听众并没有看过你的演讲稿,他们既不知道你忘词了,也不知道你接下来要说的内容是什么。这时候考验的只是你自己的心态,大多数时候冷静下来是可以想起来想说的内容或有不错的临场发挥。

换话题

即使真的想不起来,也可以即兴换个词或者语句,继续讲下去,甚至还可以临时增加观众互动环节,问问他们对你刚才所说的问题是怎么看的,为自己争取缓冲的时间。

类似这样的临场发挥是有无限种可能的。所以对于经验丰富的演讲者来说,其实也就不存在忘词这一说。记住,你唯一不能做的就是站在原地一直想词,而是重启思维,顺利衔接下一段演讲内容。

但是如果一时口误了怎么办?

建议对于那些不太明显的错误,比如听众不易察觉,也不影响关键内容的,就可以直接跳过,不要停顿,以免打乱自己的思路和节奏;而对于十分明显且可能影响演讲内容的口误,就需要想办法补救一下,你可以重述一遍刚才的内容,大大方方地纠正;也可以立即调整刚才说错的内容,比如你把"新产品将在下周上市"说成了"新产品将在这周上市",可以立即补充"这周上市有些操之过急了,我们的计划是在下周上市新产品"。重要的是,不能让口误影响演讲效果和关键内容。

那么，如果遇到现场有人质疑演讲内容的情况，该怎么应对呢？实际上，这种情况的发生概率很低，但为了确保演讲万无一失也需要做好相应的准备。这里分享一个方法：你可以把问题前置，在演讲开始定下规矩："考虑到时间关系，我们在演讲结束后听众可以提问。"要是没有做问题前置，遇到了突发提问的情况，能回答就回答，如果一时无法及时给出合适的答案，可以邀请听众在你下场之后私下沟通；如果听众态度比较极端，千万不要与其发生争执，而是有礼貌地感谢他提出问题，并说明因为时间关系，请他等到演讲之后再讨论。

作为演讲者，必须做好应对突发情况的准备，拿出解决方案才是正确的应对之道。当然，每个人应对突发状况的承压能力是不一样的，通过反复练习，多经历几次演讲，慢慢就能锻炼好自己的应变能力。

6.5 如何有效开展竞聘演讲、项目路演、即兴发言

在日益复杂的职场环境中，需要进行演讲的场景越来越多。例如，公司有内部晋升机会时，你需要做竞聘演讲；公司需要你主持产品发布会、参与路演、争取重大项目投资；小到各种会议，当你突然被点名需要即兴发言时，这也可能是你的表现机会。所以，职场人要了解不同演讲场景的主要实战技巧。

竞聘演讲应如何表现？

每个人在职场中都会有一些晋升机会，如果现在公司内部有一个商务经理的晋升机会，你想要尝试竞聘这个职位，需要上台演讲，你应该如何准备呢？

答辩是竞聘演讲中的一个重要环节，很多公司会设置这样一个环节。竞聘演讲不同于其他演讲，在台下坐的人，要么是你的同事，要么是你的领导，他们都足够专业，带着审视的眼光在甄选现场的竞聘人员。

不过，你如果做好了充分的准备也是可以对答如流的，其中最重要的是你要想清楚评委大致会问些什么问题？

常规性问题	个性化问题
·有标准答案	·要结合你的材料和应聘岗位进行设计，无标准答案

大多数情况下，评委一般会问两大类问题。

一类是常规性问题。例如，你为什么要参加这次竞聘？你觉得你与岗位匹配度高吗？为什么你认为自己可以胜任？你竞聘成功后打算怎么做？

通常，这些问题的答案应该在你的竞聘发言中，结合你的个人心得做补充陈述即可。但是你需要记住，常规性问题很难激发评委的兴趣，毕竟他们都是经验非常老到的专家。针对这类问题，提前做些准备，问题应该不大。

另一类大多是个性化问题，这才是评委聚焦的重点。

这些个性化问题是根据你的经验、能力、表现等有针对性地对你提问，一般评委会根据前面你的演讲和材料中提到内容进行更深入的提问。

诸如：在你刚才提到的项目中，你担任了什么角色？你有什么收获？问这类问题的动机一般是了解你在项目中承担的角色的重要性，或者了解你对项目的熟悉程度，换句话说，是在考察你陈述内容的真实性和专业程度。

很多人比较担心第二类问题，因为它充满了不确定性，不过总体上是有规律可循的。

所谓的规律就是，问题大多藏在你的发言或项目经历中。评委在这种场景不会随便问问题的，所以建议你在准备演讲材料的过程中要注意以下两点。

● 保持诚实。在介绍项目经历时不要过分夸大，岗位竞聘终归属于内部竞聘，评委或同事对你或多或少都有了解，高抬自己的虚假陈述一旦被发现，将很容易被踢出局。

● 熟悉项目。你一定要非常熟悉发言中涉及的每个项目，突出自己在项目中的重要贡献，把自己对项目、部门或公司的价值说清楚。对于那些你参与度不高或者贡献度不大的项目，建议不要放在竞聘发言的重点中。

给所有的职场人一条建议：在竞聘演讲中，你需要对自己的演讲稿用心打磨，千万不要为了表现自己，把各种经历都写上去，只写那些你熟悉的、对突出你的能力有关键作用的内容。

实际上，竞聘演讲与公众演讲的"逻辑"基本差不多。尽量不要照本宣科和虚假夸大，要表现出你对公司、岗位的热爱和忠诚。你要让评委意识到，你能胜任新岗位，你能在新岗位做出更优秀的成绩。基本上，能做到这些，再配合一些演讲技巧，你的竞聘演讲应该就没有太大的问题了。

如何在项目路演中脱颖而出？

在目前市场竞争越发激烈的当下，大家都明白"酒香也怕巷子深"这个道理，公司也越来越重视项目推介的效果和影响。

一场成功的项目或产品路演的关键不仅在于项目或产品本身，项目负责人现场的路演推广能力也是非常重要的一环。

如果你在筹备公司新项目的路演活动，最需要注意规避的是令人毫无印象的路演，千万不要觉得自己把项目情况都讲了，就是一次成功的路演，平铺直叙、令人毫无印象的演讲其实是无效的演讲，并不能达到宣传造势的目的。

也要规避带有明显推销意图的路演，如果路演变成了展销会，也不能被称为成功的演讲。虽然我们要追求转化率，但是路演是一场品牌宣传活动，演讲者在活动现场的一言一行是与公司的品牌形象直接挂钩的，因此在路演的时候要让现场观众建立品牌好感与信任感。

路演的关键是通过活动让现场的听众对品牌产生信任感，进而促成购买行为。这里分享几个诀窍。

例如，你可以使用"信任导入法"让听众对产品产生信任感。建立信任最好的办法无外乎两点：一是不能过度夸大，不要过度包装产品或项目，否则很容易招致反感与质疑；二是要尽量体现专业度，在演讲中客观介绍项目或产品的特点，接受关于这个项目或产品的询问和质疑。当然，这些都需要你在路演之前就做好充分的功课。

又比如，"利益推动法"也是取得路演成功的核心方法之一。简单地说，这种方法就是让现场听众实实在在感受到好处。

举个例子，你要路演的产品的核心卖点是什么？对现场听众来说有什么帮助？为什么他们应该选择我们的产品而不是竞争对手的产品？这些都是你在路演过程中要阐述清楚的内容。而如果是投资类的路演，需要准备的内容就更多，要让投资者认可项目的回报率，知道盈利点在什么地方、投资者能获得什么样的回报等。你需要把这些能让客户或者用户获得的具体好处，清楚明白地提炼出来，如果能用清晰的数据进行佐证就能赢得更多的认同。

利益推动法是吸引路演现场听众形成利益认同、建立信任的关键，这种认同和信任在路演中尤其重要。

此外，根据我的路演经验，演讲者一定要有应急预案，需要提前设想听众有可能会问到的问题，想到的问题越多越好，并准备好应对答案。

整个路演过程设计要尽可能简洁和清晰，你要在最短的时间内，用最简洁的语言，清晰地表述你的产品或项目具体是什么？你的核心优势是什么？你的产品能给对方带来哪些好处？接下来针对这些内容进行论证，让听众信服，无须长篇大论。

遇到最猝不及防的即兴发言，该怎么办？

我遇到一个同事，她是一个开朗活泼、有想法有冲劲的小姑娘，平时做事认真，能很快出成果，但有一个小问题，就是一旦被要求在公司会议上发言，就经常磕磕巴巴说不清楚。最近几次开会轮到她发言的时候，她总觉得自己表现得不好。而跟她同期进入公司的同事，在会议上侃侃而谈，句句都能说到点上。这样的情况发生了几次之后，她也觉得困扰，甚至对自己能否胜任这个岗位产生了质疑。

职场发言几乎是每个人都无法回避的事情。会议发言并没有你想得那么复杂，它只是演讲的一种日常形式而已。其他组的新人侃侃而谈，那是因为他是有备而来的。一般会议发言可以分为未准备的即兴发言和有准备的发言。其他组的新人的发言是经过准备的，而你是被点名即兴发言的，所以可能表现得不如别人那么好。即兴发言确实是比较考验人的反应能力、思考能力和应变能力。

即兴发言是职场中非常常见的演讲场景，只要你在发言时能规避一些主要错误，即兴发言对你来说肯定不会是个难题。

（1） 事先准备法

不管会议中会不会被点名做即兴发言，我都建议你在开会前把会议日程看清楚，提前了解会议的目的、参加人员、数据和资料。在可能的情况，可以提前研读下会上其他人员的发言材料，并梳理一下与自己的工作岗位有哪些关联，甚至你可以针对其他同事的发言材料提出自己的解决办法或者想法。一定要记住，几乎所有的即兴发言都是经过准备的，提前做好功课，在会议上被点名的时候，就不会大脑一片空白了。

（2） 就事论事法

在讲究成效的会议场景中，即兴发言都要求"短平快"和高效，也就是说你需要在最短时间内说完你要表达的核心内容。因此要就事论事、言简意赅，不然不仅浪费了在场参会人的时间，而且也不会取得好的效果。

在会议上发言，我们除了要考虑时间关系，还要考虑前面发言者的情况，这就是我要与你分享的第三个技巧：承上启下法。

（3） 承上启下法

承上启下法，换句话说就是承接上一位发言人的意见，同时也要给下一位发言人留有空间。具体来说，当前面的发言人与你的意见不一样，不要直接反对和否定，你可以说"刚才××的观点，给我了很多启发，我想到了……"如果前面的发言人与你的意见一样，就一定要表示赞同，对别人的肯定和鼓励，会带来更多的认同。例如，你可以说："××提的观点，我非常认同，同时我还有一个想法供大家参考……"

"承上"是开个话头，给别人留了面子。那么"启下"如何实施呢？

例如，当你想表达还有一些问题自己没有想到的时候，就可以请其他同事做补充。通过"承上启下"，不仅能帮助你顺利完成发言，亮出自己的观点，也能提升自己的职场沟通能力。

精 进 自 测 题

你认为如何做路演准备？

6.6 演讲辅助工具不止PPT

演讲最新辅助工具介绍

传统演讲一般使用PPT进行，演讲者一边播放PPT一边进行讲解。但是随着数字化时代的到来，线上会议、线上分享、线上直播等线上演讲逐渐进入公众视野，这样就延伸出很多新的问题。例如，线上辅助工具应该怎么用？线上演讲无法让听众保持注意力，如何有效传递信息？

线上演讲给职场人的挑战更大，但是如果能结合线上演讲的场景特点，利用好线上演讲辅助工具，也能让你的演讲水平更上一层楼。

小王跟老员工小陈在为公司这一季度的线上产品发布会做演讲准备。这次直播演讲对于小王来说是首秀，他非常焦虑。

事实上，即使是一个在线下有丰富经验的演讲者，在线上演讲时也会有焦虑心理。因为线上演讲与线下演讲的焦虑原因是不一样的。线下演讲是现场有人的恐惧，线上演讲是现场没人的焦虑。具体来说，线上演讲的焦虑感主要有两个原因。

第一个原因：空间感缺失。

现场演讲的好处是，不管是十几个人、几十个人的小型演讲，还是上百人、上千人的大型演讲，演讲者和听众都是处于同一空间，心理上存在趋同性和安全感，大家也会受到身边人的影响和约束。一旦演讲者从线下演讲转到线上，从对着现场听众变为对着手机或电脑屏幕，失去了统一的空间感，有的演讲者就可能觉得无所适从。实际上，不仅演讲者会有空间感缺失的感受，听众也会有空间感缺失的感受，这种情况下听众注意力容易分散，进一步加深演讲者的焦虑情绪。

这样的场景在未来会越来越多，它包括线上会议、线上面试、线上竞聘、线上分享，因此，我们要注重提升自己的线上演讲能力，从心理上克服内心恐惧。

第二个原因：互动感缺失。

除了空间感缺失，得不到听众的即时反馈，互动感缺失也是线上演讲者产生焦虑的一个主要原因。

我们知道，在现场演讲时，演讲者可以根据现场反应调整演讲内容和节奏，甚至可以安排一些即兴的互动和问答，与听众加强互动，增加听众的参与感。而线上演讲直播时，除了评论区的文字反馈，演讲者能获取的信息微乎其微，而且即使有开放的评论区，演讲者往往得到的反馈也是滞后的，从而影响演讲者的演讲节奏，使演讲者更为焦虑、局促。

所以，空间感和互动感的缺失对演讲者有很大的心理影响，进而会影响线上演讲的效果。所以，我们要根据这两点去缓解内心的焦虑。

演讲中有哪些硬件辅助工具可以帮助我们缓解焦虑情绪呢？

对于每一场演讲来说，演讲者的终极目的都是吸引听众、触动听众，从而引导听众做出行为改变。为了这个目标能达成，演讲者更需要做好各种硬件和软件上的准备。工欲善其事，必先利其器。幻灯片、视频、音频、图片、数据表格、大白板等，都是线下演讲较为常用的辅助工具。但对于线上演讲，这些准备远远不够。

首先，第一个必备演讲辅助工具是提示稿。

线上演讲过程中，演讲者既要考虑线上听众的反应，还需熟悉现场直播的设备。此外，产品发布会中可能还需要自己操作PPT放映，甚至完成产品展示，容易手忙脚乱和忘词。所以，演讲者有必要准备提示稿。提示稿可以用提词器展示，或者打印成文字稿放在手边。这里的提示稿不同于线下演讲的逐字稿，不是逐字逐句地写满了内容，而是适时提醒你每一个要点和演讲流程。

其次，要提前准备和适应演讲环境。演讲环境准备建议从以下三个方面进行。

● 选择相对安静的环境，建议不要使用过于空旷的会议室，避免出现回声。

● 在背景设置上，尽量商务一点，体现公司的专业性；可以提前准备好产品展示台和相应产品，做好合适的布景设计。

● 准备好视频拍摄工具，布置好打光设备，在演讲的过程中，时刻保持光线明亮，保证听众可以看清楚你的面部表情，切记不可以在昏暗环境中进行直播。

最后，除了软、硬件准备，还要做好人员配置。

就这样，你的线上演讲辅助工具差不多就搭建完毕了。

如果还想要更加专业的配置，可以向专业的运营公司采购相应的服务。不过对于一般情况下的非专业演讲，以上硬件的配置基本上就足够了。

线上演讲需要哪些软件辅助工具？

总体来说，线上演讲其实是直播的一种形式，狭义的软件准备是线上直播平台的选择，广义的软件准备除了线上直播平台的选择，还要关注互动流程设计、时间把控设计、结尾设计等。

（1） 直播平台的选择

现在直播技术发展较快，市面上可供选择的直播平台也比较多，选择一个优秀的平台有利于直播的顺利进行。建议选择普及性比较广的平台，过于小众的平台增加了用户的下载和注册步骤。选择大部分人都认可的平台进行演讲不仅可以降低听众接受门槛，还可以增加听众规模和自然流量。现在大部分社交软件都有自己的直播平台，可以直接使用。

（2） 互动流程设计

互动流程设计是线上演讲直播的重点。高质量的互动能使听众参与到演讲者营造的氛围中，有助于演讲目的的达成。例如，可以通过设计问答，尽可能地让听众参与到你的话题中来。

当然，问答设计最好与演讲的主题相关或能引出你要表达的观点，不建议单纯为了活跃气氛而设计互动问题。

为了避免听众答不出来和冷场，你可以提前安排直播支持人员在评论区进行互动，调动大家的积极性。另外，你也可以利用平台自带的互动工具、互动游戏，结合你的演讲进行穿插设计，增加演讲的互动感和趣味性。要留出一定的空余时间，关注评论区听众提出的问题和建议，可以由直播支持人员把收集好的问题反馈给你，及时进行答疑，给予听众正面的反馈，增强互动性。

（3） 时间把控和结尾设计

线上和线下都可能存在演讲者时间把控不当的情况，这要求演讲者事先规划好时间，设定好每个环节的时长。拿产品发布为例，你可以根据本次直播时长要求，确定开场热场、产品发布、功能宣传、互动问答、直播收尾这几个主要环节所有的时间，其中热场和结尾不宜拖沓，总计时间不要超过整个直播的20%，要把绝大部分时间留给产品发布、功能宣传和互动问答，避免本末倒置。在问答环节，要注意在一开始就明确提问的时间，或者可以接受几个问题，把控好自由问答的节奏。

在设计演讲稿和排练阶段，要审视一下自己的演讲安排和时间配比是否合理。在这里，建议在彩排演讲和直播准备的时候使用视频来记录你的所有表现。通过视频记录，你可以一边观看自己的演讲表现，一边记录出现的问题，不断复盘并解决问题，几次下来你就会获得很大的进步。

产品发布会中，有新老产品对比的环节，这个时候就需要有工作人员适时地配合你递上产品和相应的检测报告。甚至为了应对突发情况，需要多协调一些人员，实时监控直播效果、操作相应直播工具，并适时在评论区进行答疑、引导听众互动等。

有一个专业的直播支持团队对于线上演讲至关重要。演讲者不能一个人唱独角戏，尤其是公司的商务演讲，为了确保万无一失，建议组建一个直播小组，小组成员各司其职，做好硬件支持、流程支持、氛围支持等。

精　进　自　测　题

你有线上演讲的经验吗？你是怎么准备辅助工具的？